A LEI

FRÉDÉRIC BASTIAT

A LEI
POR QUE A ESQUERDA NÃO FUNCIONA?

AS BASES DO PENSAMENTO LIBERAL

TRADUÇÃO, INTRODUÇÃO E COMENTÁRIOS DE
EDUARDO LEVY

COPYRIGHT © FARO EDITORIAL, 2016

Todos os direitos reservados.
Nenhuma parte deste livro pode ser reproduzida sob quaisquer meios existentes sem autorização por escrito do editor.

Diretor editorial **PEDRO ALMEIDA**
Preparação **LÍGIA AZEVEDO**
Revisão **GABRIELA DE ÁVILA**
Capa e projeto gráfico **OSMANE GARCIA FILHO**
Imagens de capa **ROXANA GONZALEZ | SHUTTERSTOCK, GOIR | ISTOCK**

A base desta tradução é a versão para o inglês de Dean Russell (The Law. 2ª. ed. Irvington-on-Hudson, NY: Foundation for Economic Education, 1998). No entanto, ela foi feita com o original em francês aberto, comparando cada palavra, para conferir o máximo de fidelidade ao original.

Dados Internacionais de Catalogação na Publicação (CIP)
(Câmara Brasileira do Livro, SP, Brasil)

Bastiat, Frédéric
 A lei : por que a esquerda não funciona? As bases do pensamento liberal / Frédéric Bastiat ; tradução, introdução e comentários Eduardo Levy. — 1. ed. — Barueri, sp : Faro Editorial, 2016.

Título original: The law.
ISBN 978-85-62409-71-4

1. Direito 2. Estado 3. Leis 4. Propriedade I. Levy, Eduardo. II. Título.

16-02138
CDU-340.12
-340.11

Índices para catálogo sistemático:
1. Direito : Filosofia 340.12
2. Direito : Teoria 340.11

1ª edição brasileira: 2016
Direitos desta versão em língua portuguesa, para o Brasil, adquiridos por FARO EDITORIAL

Avenida Andrômeda, 885. Sala 310.
Alphaville – Barueri – SP – Brasil
CEP: 06473-000 – Tel.: +55 11 4208-0868
www.faroeditorial.com.br

SUMÁRIO

INTRODUÇÃO

Por que as ideias de esquerda não funcionam? 11

Bastiat e o liberalismo clássico. 15

A LEI

A vida é um dom de Deus. 24

O que é a lei?. 25

Um governo justo e estável. 28

A corrupção completa da lei. 30

Uma tendência funesta da espécie humana 32

Propriedade e espoliação 32

Vítimas da espoliação legal 34

Os resultados da espoliação legal 36

O destino dos não conformistas. 37

Quem deve julgar?. 39

A razão por que o voto é restrito. 40

A resposta é restringir a lei. 42

A ideia funesta da espoliação legal 43

A corrupção da lei gera conflitos......................**45**

A escravidão e o protecionismo são espoliações..........**46**

Dois tipos de espoliação.............................**47**

A lei protege a espoliação...........................**48**

Como identificar a espoliação legal.....................**49**

A espoliação legal tem muitos nomes..................**52**

Socialismo é espoliação legal.........................**52**

A escolha diante de nós.............................**53**

A função própria da lei..............................**55**

O engodo sedutor do socialismo......................**56**

A fraternidade imposta destrói a liberdade..............**57**

A espoliação viola a propriedade......................**57**

Três sistemas de espoliação..........................**60**

A lei é força.......................................**61**

A lei é um conceito negativo.........................**61**

A abordagem dos políticos...........................**63**

A lei e a caridade...................................**64**

A lei e a educação..................................**66**

A lei e a moralidade.................................**67**

Uma confusão de termos............................**68**

A influência dos teóricos.............................**68**

Os socialistas querem brincar de Deus.................**70**

O desprezo pela humanidade.........................**71**

Uma defesa do trabalho compulsório..................**72**

Uma defesa do governo paternalista...................**74**

A ideia da humanidade passiva.......................**76**

A ignorância da razão e dos fatos.....................**77**

O desejo de arregimentar as pessoas..................**78**

Um nome famoso e uma ideia maligna.................**80**

Uma ideia medonha.................................**83**

O líder dos democratas..............................**84**

O desejo de impor a conformidade....................**86**

Os legisladores desejam moldar a humanidade 89

Como controlar os homens 90

Uma ditadura temporária 92

O desejo da igualdade de riquezas 94

O erro dos teóricos modernos 95

O que é a liberdade? 96

Tirania filantrópica 97

Os socialistas querem a ditadura 100

Arrogância ditatorial 102

O caminho indireto para o despotismo 103

Napoleão desejava uma humanidade passiva 104

O círculo vicioso do socialismo 107

A doutrina dos democratas 109

O conceito socialista de liberdade 110

Os socialistas temem todas as liberdades 113

A ideia do super-homem 115

Os socialistas rejeitam a livre escolha 116

A causa das revoluções na França 118

O imenso poder do governo 119

Política e economia 121

Funções próprias da lei 122

Lei e caridade não são a mesma coisa 124

O caminho para o comunismo 125

A base para um governo estável 126

Justiça significa igualdade de direitos 128

O caminho para a dignidade e o progresso 129

Prova de uma ideia 130

O desejo de governar os outros 132

Agora, experimentemos a liberdade 134

Para saber mais sobre o liberalismo 137

Créditos das imagens 139

[Na página anterior]

A Liberdade Guiando o Povo *é uma pintura de Eugène Delacroix em comemoração à Revolução de Julho de 1830, com a queda de Carlos X. Uma mulher, representando a Liberdade, guia o povo por cima dos corpos dos derrotados, levando a bandeira da Revolução em uma mão e brandindo um mosquete com baioneta na outra. A imagem inspirou vários símbolos semelhantes, entre eles a Estátua da Liberdade, e está presente nas notas de Real, mas é marca da moeda brasileira desde a Proclamação da República.*

INTRODUÇÃO

POR QUE AS IDEIAS DE ESQUERDA NÃO FUNCIONAM?

Que o tamanho reduzido desta obra não engane ninguém: parafraseando Churchill, nunca na história das ideias humanas tanto foi dito com tão poucas palavras. O livro que o leitor tem em mãos é um tesouro; concebido como um panfleto, e não como tratado científico, expõe e desenvolve, com clareza raras vezes igualada, ideias de filósofos menos acessíveis, como John Locke e Adam Smith. Mas não pense que *A lei* é uma peça de museu ou mera curiosidade histórica: publicado na França em 1850, o livro é tão importante e atual hoje quanto foi na época de sua publicação, pois, em grande medida, como os extensos comentários ao texto pretendem mostrar, os problemas de Bastiat são os nossos problemas e seus inimigos são os nossos inimigos.

O argumento central do livro é bastante simples: os homens têm certos direitos naturais que precedem toda a legislação escrita. São eles a vida, a liberdade e a propriedade. Para proteger esses direitos, todo homem tem direito de se proteger de quem os ameaça, isto é, à legítima defesa. A lei, que aqui significa às vezes o Estado, às vezes a Constituição, é a organização coletiva do direito à legítima defesa; sua função, seus limites e sua legitimidade derivam do direito individual à legítima defesa. Em outras palavras, a única função da lei é fazer com que reine a justiça — na verdade, impedir que reine a injustiça. Qualquer outro uso que se dê à lei contradiz e impede o direito à legítima defesa, pois, necessariamente, ferirá a vida, a liberdade ou a propriedade. Quando a lei extrapola essas funções, ocorre opressão ou espoliação legal. Embora "espoliação", em bom português, signifique roubo, a palavra tem, tanto no português quanto no francês, um significado jurídico preciso, segundo o Houaiss, de: "ato de privar alguém de algo que lhe pertence ou a que tem direito por meio de fraude ou violência", e é nesse sentido que Bastiat a emprega. Espoliação, ele explica, ocorre sempre que a lei tira de alguém o que lhe pertence para dar a outro a quem não pertence, agindo de modo tal que um cidadão, se agisse do mesmo modo, cometeria um crime. Quando a lei começa a ser usada como instrumento de espoliação, a atividade legislativa se torna uma disputa entre vários grupos para se apoderar dela e espoliar os outros. Nesse caso, a liberdade é ferida, a prosperidade é impedida e a estabilidade é impossível. No entanto, constata Bastiat, é precisamente isso que ocorre em toda a parte:

a corrupção da lei, posta a serviço de todo tipo de cobiça. Esse é o fenômeno analisado no livro.

Para Bastiat, a liberdade só é liberdade quando é negativa, isto é, quando é ausência de coerção e obstáculo; ela não dá nada propriamente, apenas impede que algo seja tirado de alguém. (Mais sobre a diferença entre liberdade negativa e positiva nos comentários ao texto.) Assim, naturalmente, Bastiat via a maior ameaça à liberdade no ente que detém o uso da força e, portanto, o poder de exercer coerção e impor obstáculos: o Estado. Por isso, volta-se contra todos aqueles que querem dar mais poder ao Estado: os intervencionistas, os planejadores, os protecionistas e os socialistas. Desde 1850, muita água rolou: os planejadores e os socialistas vieram a controlar metade do mundo, o que resultou não apenas em opressão e miséria, como previsto por Bastiat, mas também na morte de 100 milhões de pessoas, como pode ser visto com mais detalhes em *O livro negro do comunismo* (Rio de Janeiro: Bertrand Brasil, 1999). Os países que se tornaram ricos foram aqueles que mais apostaram na liberdade tal como descrita por Bastiat; índices baseados em critérios objetivos mostram correlação direta entre liberdade econômica e riqueza, progresso e justiça social (Como pode ser visto no *Index of Economic Freedom* [Índice de Liberdade Econômica], disponível em www.heritage.org/index/). Assim, este livro teve o melhor destino que um livro teórico pode ter: a prática provou que ele estava certo em um grau muito maior do que seu autor poderia imaginar. No entanto, a legislação em vigor hoje em países supostamente democráticos seria descrita por Bastiat como socialista, como um sistema de espoliação organizado e muito mais amplo do que poderia imaginar em seus piores pesadelos.

Não é de se espantar, pois, que a política nesses países não passe de uma disputa entre diversos grupos de interesse para se apoderar da lei e espoliar em seu próprio favor: não existe mais o "bem comum", apenas o bem dos grupos específicos. Além disso, quase todos esses países têm dívidas astronômicas, sistemas previdenciários insustentáveis no longo prazo e vivem a um passo do caos social. Examinem-se profundamente as causas de tal cenário e ficará provado que Bastiat estava certo.

Com relação ao Brasil, ele estava mais certo ainda: o país ocupava a 122ª posição no Índice de Liberdade Econômica da *Heritage Foundation* em 2016, mais perto da Venezuela (176ª) e da Coreia do Norte (178ª) do que do Chile (7ª). A posição não é inexplicável: nossa constituição garante mais "direitos" que quase qualquer outra no mundo; o Estado se mete em todos os aspectos da vida econômica e privada, desejando regular até mesmo o que o cidadão pode comer; abrir uma empresa exige enfrentar uma burocracia tão vasta que é tarefa quase impossível; mantê-la aberta então é ainda pior; nossa legislação trabalhista é tão restritiva que joga mais da metade dos trabalhadores para a informalidade, em um sistema de microempresas que nada mais é que uma forma de fugir dos encargos trabalhistas; nossa legislação tributária é tão complexa que nem os especialistas a dominam; nosso governo é dono de centenas de empresas e dispõe de mais cargos comissionados (23 941) que países com orçamento muito maior, como os EUA (8 000) e a França (4 800).

Embora o cenário venha piorando nos últimos anos, desde a formação do país sempre esteve impregnada na nossa cultura a ideia de que o Estado é a fonte de todos os bens e o responsável por todos os males, devendo controlar tudo, regularizar tudo, intrometer-se em tudo. Diante disso, não seria surpresa nenhuma para Bastiat, nem será para quem ler este livro, nossa extraordinária instabilidade política. Será que já não é hora de mudar de rumo e seguir um caminho simples, de eficácia amplamente comprovada, para a prosperidade e a justiça?

BASTIAT E O LIBERALISMO CLÁSSICO

Claude Frédéric Bastiat nasceu em 30 de junho de 1801, em Bayonne, França. Filho de um rico comerciante, foi criado por um tio, pois sua mãe morrera quando tinha sete anos e seu pai, quando tinha nove. Deixou a escola sem se formar aos dezessete anos para trabalhar na firma comercial do tio. Logo depois, descobriu o liberalismo clássico e começou a estudar economia. Publicou vários trabalhos em defesa do livre-comércio e lançou, em Paris, em 1846, *Le Libre Échange*, um jornal dedicado a essa causa. Em 1848, tornou-se deputado da Assembleia Constituinte, mas acabou renunciando em 1850 devido ao estado deteriorado de sua saúde. Morreu em 24 de dezembro de 1850, de tuberculose, em Roma, aos 49 anos.

Um dos economistas mais influentes de todos os tempos, Bastiat deixou uma extensa obra dedicada à defesa da liberdade e à contestação de várias falácias econômicas, além de ter formulado ou aprofundado conceitos como o custo de oportunidade, a falácia da janela quebrada e a lei das consequências não intencionais.

Embora Bastiat tenha feito contribuições originais ao liberalismo clássico em centenas de artigos e alguns livros, *A lei* é, antes de tudo, uma exposição e um resumo extremamente claro e didático, além de uma aplicação a diversos casos concretos das ideias de outros pensadores, notadamente John Locke e Adam Smith. Assim, este livro serve como uma excelente introdução ao liberalismo clássico, corrente político-econômica para a qual a liberdade individual é o valor político fundamental e o principal promotor da riqueza, da dignidade e do progresso. Desse modo, os liberais clássicos defendem o individualismo, a democracia representativa, os direitos civis, a propriedade privada e o mínimo de intervenção estatal possível na economia e na vida privada dos cidadãos. Para eles, cada pessoa, ao buscar satisfazer seus próprios interesses, contribuirá para a riqueza geral da sociedade, e as interações livres entre as pessoas no mercado são o melhor regulador possível da atividade econômica. Entre os herdeiros intelectuais mais proeminentes do liberalismo clássico estão a Escola Austríaca (que tem Ludwig von Mises e Friedrich Hayek entre seus representantes), a Escola de Chicago (da qual faz parte Milton Friedman) e os libertários ou anarcocapitalistas (que inclui Murray N. Rothbard). Embora haja diferenças substanciais entre eles, todos compartilham os mesmos princípios fundamentais.

Aqui se deve fazer uma distinção importante: o termo "liberal" designa e designou historicamente muitas visões diferentes, às vezes, até opostas. Nos Estados Unidos, veio a significar algo muito diferente do que queremos dizer neste livro com "liberal" e do que isso significa na Inglaterra e no Brasil. Originalmente, "liberal" é quem defende a economia de mercado, as liberdades individuais e o mínimo de intervenção estatal na economia e na vida privada. No entanto, nos Estados Unidos, passou a significar precisamente o oposto: pessoas que defendem uma presença forte do Estado tanto na economia quanto na vida privada, além de limitações à economia de mercado. Muitas vezes, em livros e artigos, o termo é traduzido de modo incorreto para o português como "liberal", sem alterações, causando sérios mal-entendidos. Por isso, é preciso prestar atenção à linguagem: muitas vezes, "liberal" quer dizer "de esquerda". Em consequência, alguns liberais passaram a se referir a si mesmos como conservadores, libertários ou anarcocapitalistas. Essas três palavras, no entanto, também têm significados próprios e podem designar visões muito diferentes do liberalismo. Estamos, aqui, em uma verdadeira Torre de Babel.

Por fim, ainda que o liberalismo, por razões de que não convém tratar aqui, tenha péssima fama, a realidade não cessa de lhe dar razão: os países ricos e prósperos, onde há menos pobreza e melhor qualidade de vida para todos são aqueles onde vigora o capitalismo, em que a intervenção estatal é a menor possível e a liberdade individual é valorizada. O Índice de Liberdade Econômica da Fundação Heritage não deixa dúvidas quanto a esse ponto. A simples observação mostra que os países mais ricos do mundo são os mais liberais, assim como são países em franco desenvolvimento. Os chamados "Tigres Asiáticos" enriqueceram em pouco tempo ao aplicar o receituário liberal. O Chile é um dos países mais desenvolvidos da América Latina (43º lugar em IDH, enquanto o Brasil está no 75º) e é o único a aplicar o receituário liberal há décadas. Há exemplos negativos: a maior tentativa da história humana de planejar todos os aspectos da vida e da economia, a União Soviética, terminou em ineficiência, pobreza, opressão, morticínio e colapso. A tentativa de instaurar um "socialismo do século XXI" na Venezuela resultou em uma crise econômica e social de proporções inéditas. Os países que ainda mantêm regimes de inspiração socialista, como Cuba e Coreia do Norte, estão entre os mais pobres e opressores do mundo.

É impossível, com tantos dados e exemplos práticos, negar as qualidades bastante superiores do liberalismo na promoção da riqueza, da dignidade e do bem-estar. *A lei é o melhor caminho para começar a compreender isso.*

Eduardo Levy, 27, é tradutor e professor de inglês. Estudou Filosofia e Letras na Universidade Federal de Minas Gerais além de artes liberais e literatura na Universidade de Wisconsin (EUA), mas com interesses e estudos em diversas outras áreas.

A LEI

A corrupção da lei! E de todos os poderes coletivos da nação com ela! A lei, digo, não apenas desvirtuada de seu propósito, mas posta a serviço de um propósito inteiramente contrário! A lei transformada em instrumento de todo o tipo de cobiça em vez de seu freio! A própria lei culpada dos males que deveria punir!

Se isto for verdade, trata-se de um fato grave, para o qual me deve ser permitido chamar a atenção dos meus concidadãos.*

---

*   O espanto de Bastiat com a situação de sua época provavelmente valeria para o Brasil atual. É preciso salientar, no entanto, que o autor não se refere especificamente ao que conhecemos como "corrupção", que é de fato crime, mas a práticas perfeitamente legais, sancionadas pela legislação, que podem ser consideradas moralmente criminosas. Um grande exemplo é a "política dos campeões nacionais" promovida na última década. Ela consiste em proteger e financiar, por meio de renúncia fiscal e de crédito extremamente barato concedido pelo BNDES (Banco Nacional de Desenvolvimento Econômico e Social), certos setores da economia ou certas empresas escolhi-

A VIDA É UM DOM DE DEUS

Provém a nós, de Deus, o dom que inclui todos os outros, a vida — física, intelectual e moral.

Mas ela não basta a si mesma. Por isso, o Criador confiou a nós a responsabilidade de preservá-la, desenvolvê-la e aperfeiçoá-la. Para esse fim, Ele nos dotou de uma coleção de maravilhosas faculdades e nos pôs em meio a uma variedade de recursos naturais. É por meio da aplicação das nossas faculdades a esses recursos que os convertemos em produtos e os usamos, processo através do qual a vida pode seguir o curso que lhe é assinalado.

Vida, faculdades, produção (em outras palavras, individualidade, liberdade, propriedade) — eis o homem. Esses três dons de Deus, a despeito da astúcia dos demagogos, são anteriores e superiores a toda a legislação humana.

---

das pelo governo. Tal prática pode ser facilmente usada para a corrupção, via troca de favores entre políticos e empresas, ainda que muitas vezes seja impossível provar essa correlação. Por exemplo, uma empresa beneficiária de empréstimos baratos pode pagar o favor com doações a campanhas eleitorais. Além disso, credita-se à política dos "campeões nacionais" parte da culpa pela criseatual, pois envolveu o repasse de 430 bilhões de reais do Tesouro Nacional a empresas e teve impacto sobre a credibilidade da administração pública. Para mais informações, acesse: <www.valor.com.br/brasil/4415892/setor-publico-fecha-2015-com-deficit-primario-de-r-1112-bilhoes> e <exame.abril.com.br/revista-exame/edicoes/1051/noticias/um-modelo-que-fracassou>. [Todas as notas deste livro, sem indicação de autoria, são do tradutor. (N. E.)].

A vida, a liberdade e a propriedade não passaram a existir porque os homens fizeram leis. Ao contrário, é porque a vida, a liberdade e a propriedade já existiam que os homens fizeram leis.*

O QUE É A LEI?

O que, então, é a lei? É a organização coletiva do direito individual de legítima defesa.

Cada um de nós tem um direito natural, recebido de Deus, de defender sua pessoa, sua liberdade e sua pro-

---

* Neste tópico e nos seguintes fica evidente que a base do pensamento de Bastiat são as teorias do filósofo político inglês John Locke (1632-1704). Em *Dois tratados sobre o governo* (1689), Locke argumenta que os homens nascem livres e iguais e que têm direitos independentes de quaisquer leis de qualquer sociedade em particular. São, portanto, direitos naturais, e os principais são o direito à vida, à liberdade e à propriedade. Cada um é propriedade de si próprio e aquilo que chamamos de "propriedade" não é senão uma extensão de nós mesmos. À medida que algumas pessoas acumulam propriedade e outras não, surge certa desigualdade e, com ela, roubos e conflitos. Para garantir a segurança e a ordem, os homens formam um governo civil que tem o objetivo de proteger os direitos naturais dos governados e só é legítimo se contar com o consentimento explícito deles. As teorias de Locke foram a principal influência da Declaração de Independência dos Estados Unidos, país pelo qual Bastiat tinha grande admiração ("A corrupção da lei gera conflitos", p. 45.).

priedade, pois esses são os três elementos constitutivos e mantenedores da vida e a preservação de qualquer um deles depende da preservação dos demais. Pois o que são nossas faculdades senão uma extensão da nossa individualidade? E o que é a propriedade senão uma extensão das nossas faculdades?

Se todo homem tem o direito de defender, se necessário pela força, a própria pessoa, a própria liberdade e a própria propriedade, segue-se que um grupo de homens tem o direito de organizar e manter uma força coletiva permanente para proteger esses direitos. Assim, o fundamento do direito coletivo, sua razão de ser e sua legitimidade é o direito individual, e a força coletiva que protege esse direito não pode, logicamente, ter nenhum outro propósito e nenhuma outra missão além daquele em nome do qual age. Assim, visto que um indivíduo não pode, legitimamente, usar a força contra a pessoa, a liberdade e a propriedade de outro indivíduo, a força coletiva, pela mesma razão, não pode ser usada legitimamente para destruir a pessoa, a liberdade ou a propriedade individual ou de um grupo.

Tal perversão da força seria, em ambos os casos, contrária às nossas premissas. Quem ousará dizer que a força nos foi dada não para defender nossos próprios direitos, mas para destruir os direitos iguais dos nossos irmãos? E se nenhum indivíduo, agindo por si mesmo, pode usar a força legitimamente para destruir os direitos dos outros, não se segue, logicamente, que o mesmo prin-

cípio se aplica à força coletiva, que não é nada mais do que a união organizada das forças individuais?

Se é assim, então nada pode ser mais evidente do que isto: a lei é a organização do direito natural de legítima defesa; é a substituição das forças individuais por uma força coletiva, à qual incumbe fazer somente aquilo que as forças individuais têm o direito natural e legítimo de fazer — proteger as pessoas, as liberdades e as propriedades, manter os direitos de cada um e fazer com que reine a justiça.

UM GOVERNO JUSTO E ESTÁVEL

Se existisse uma nação fundada sobre essa base, parece-me que a ordem prevaleceria nela tanto na teoria quanto na prática. Parece-me que teria o governo mais simples, mais aceitável, mais econômico, mais limitado, menos opressivo, mais justo e, por consequência, mais estável que se possa imaginar, qualquer que fosse seu sistema político.

Sob tal regime, cada pessoa compreenderia que possui todas as prerrogativas da própria existência, assim como toda a responsabilidade por ela. Ninguém entraria em disputa com o governo, contanto que sua pessoa fosse respeitada, seu trabalho fosse livre e os frutos dele fossem protegidos contra investidas injustas. No sucesso, não teríamos de agradecer ao Estado; no fracasso, não teríamos mais motivos para culpá-lo pela nossa desdita do que têm os agricultores para culpá-lo pela falta de chuva. O Estado só se faria presente na graça inestimável da segurança fornecida por esse modelo de governo.

Ademais, pode-se afirmar que, graças à não intervenção do Estado na vida privada, o surgimento das nossas necessidades e o esforço para satisfazê-las seguiriam seu curso natural. Não veríamos famílias pobres procurando instrução antes de pão. Não veríamos cidades superpovoadas às custas das zonas rurais, nem o contrário. Não veríamos os grandes deslocamentos de capital, trabalho e população causados por decisões legislativas que tornam a fonte da nossa existência incerta e precária, além de sobrecarregar o governo com responsabilidades.*

---

*   Pode-se afirmar que o inverso também é verdadeiro: uma nação fundada em bases contrárias se veria mergulhada em desordem e instabilidade. O próprio Bastiat o demonstra no caso da França (ver "A causa das revoluções na França", p. 118, e "O imenso poder do governo", p. 119), mas o exemplo se aplica até com mais exatidão ao Brasil. Desde o início da colonização, a visão que prevaleceu entre nós foi a de um Estado que deveria controlar todos os setores da vida nacional. Para piorar o problema, o aparato estatal sempre foi utilizado por grupos privados para fins próprios, formando o que o sociólogo Raymundo Faoro chamou de "patronato". Assim, fomos de crise em crise e de governo em governo graças aos conflitos de interesse quanto à sua ação. Nosso primeiro governo, de d. Pedro I (1822-31), acabou com a abdicação do imperador durante uma grande crise política. A monarquia que fundou duraria menos de setenta anos, com seu filho, o imperador Pedro II, deposto por um golpe militar em 15 de

A CORRUPÇÃO COMPLETA DA LEI

Mas, infelizmente, a lei não se ateve às funções que lhe são próprias. Ao extrapolá-las, não é que tenha apenas agido de modo irresponsável e discutível. Ela foi além: agiu em oposição direta a seu fim; foi usada para destruir o próprio objetivo, ou seja, para aniquilar a justiça pela qual deveria zelar; para limitar e destruir direitos que deveria respeitar. Colocou a força coletiva à disposição dos inescrupulosos que querem explorar, sem riscos, a pessoa, a liberdade e o trabalho dos outros; converteu a espoliação em direito, para defendê-la, e a legítima defesa em crime, para puni-la.*

Como se chegou a essa corrupção da lei? Quais foram suas consequências?

A lei foi corrompida por influência de duas causas totalmente diferentes: a cobiça obtusa e a falsa filantropia. Examinemos a primeira.

---

novembro de 1889. O primeiro presidente, Deodoro da Fonseca (1889-91), renunciou. O século xx viu duas ditaduras (1937-45 e 1964-89) entremeadas por governos instáveis. Para mais informações, ver *Os donos do poder*, de Raymundo Faoro (São Paulo: Editora Globo, 2012) e *Pare de acreditar no governo*, de Bruno Garschagen (Rio de Janeiro: Editora Record, 2015).

* Exemplo cristalino da legítima defesa transformada em crime e da espoliação protegida pela lei é quando fazendeiros são punidos ao pegar em armas para defender sua propriedade ao passo que aqueles que as invadem são protegidos pela lei e recebem verbas do governo federal, sendo tratados como movimentos populares.

"Eis o nosso plano. Nós roubamos os ricos para comprar votos dos pobres!"

UMA TENDÊNCIA FUNESTA DA ESPÉCIE HUMANA

A autopreservação e o desenvolvimento próprio são aspirações comuns a todas as pessoas, de modo que, se todos usufruíssem do uso irrestrito das próprias faculdades e da livre disposição dos frutos do próprio trabalho, o progresso social seria incessante, ininterrupto e infalível.

Mas há outra disposição que também é muito comum: quando podem, as pessoas querem viver e prosperar às custas dos outros. Essa não é uma imputação insolente provinda de um espírito cruel e pessimista. Os livros de história oferecem testemunho de guerras incessantes, migrações em massa, perseguições religiosas, escravidão universal, fraudes comerciais e monopólios. Esse desejo funesto se origina da própria natureza do homem, daquele instinto primitivo, universal e inexpugnável que o impele a satisfazer seus desejos com o menor esforço possível.

PROPRIEDADE E ESPOLIAÇÃO

O homem só pode viver e satisfazer suas necessidades mediante a aplicação incessante das próprias faculdades aos recursos naturais, ou seja, mediante o seu trabalho. Eis a origem da propriedade.

Mas também é verdade que o homem pode viver e satisfazer suas necessidades tomando e consumindo os produtos do trabalho alheio. Eis a origem da espoliação.

Ora, dado que o trabalho é em si mesmo um esforço e que o homem tende naturalmente a evitar o esforço, segue-se, e a história o prova, que o homem recorrerá à espoliação sempre que for mais fácil que o trabalho, de modo que nem a religião nem a moralidade poderá detê-lo.

Quando, então, a espoliação é interrompida? Quando se torna mais difícil e perigosa que o trabalho. É evidente, portanto, que a finalidade adequada da lei é usar o poder de sua força coletiva para interromper essa tendência funesta à espoliação. Todas as medidas da lei deveriam proteger a propriedade e punir a espoliação.

Mas, geralmente, ela é feita por um homem ou por uma classe de homens. Visto que não podem operar sem a sanção e o apoio de uma força dominante, é necessário confiar essa força àqueles que fazem as leis.

Este fato, combinado à tendência funesta presente no coração humano de satisfazer as próprias necessidades com o menor esforço possível, explica a corrupção quase universal da lei. Assim, é fácil entender como ela, em vez de reprimir a injustiça, torna-se sua arma invencível. É fácil entender por que é usada pelos legisladores em benefício próprio, em proporção ao poder que detêm, contra o resto dos homens, para destruir, em graus variados, sua independência por meio da escravidão, sua liberdade por meio da opressão e sua propriedade por meio da espoliação.*

VÍTIMAS DA ESPOLIAÇÃO LEGAL

É da natureza dos homens reagir contra as injustiças de que são vítimas. Assim, quando a espoliação é organizada pela lei para o benefício daqueles que a criam, todas as classes espoliadas tentam tomar parte por algum meio, pacífico ou revolucionário, da confecção das leis. De acordo com seu grau de esclarecimento, elas podem ter dois propósitos completamente diferentes ao tentar obter o poder político: interromper a espoliação legal ou participar dela.

---

* É preciso atentar à ressalva "em proporção ao poder que detêm". Segue-se que, quanto mais poder os governantes detêm, mais meios de espoliar os cidadãos eles possuem. Muitos "direitos" conferidos ao povo não passam de novos meios de espoliação. Por exemplo, desde 2013, tornaram-se comuns no Brasil protestos de rua em favor do "passe livre", isto é, transporte público inteiramente financiado pelo governo. Mas tal "direito" não passaria de mais um mecanismo de espoliação nas mãos dos governantes. Esse também é o caso das empresas estatais, como se pode confirmar lendo os noticiários diariamente.

Triste é a nação em que o segundo propósito prevalece entre as massas vítimas da espoliação legal quando elas detêm o poder de criar as leis!

Antes de isso acontecer, poucos praticam a espoliação legal de muitos, o que é comum quando o direito de participar da criação das leis é limitado. Mas, quando esse direito se torna universal, busca-se o equilíbrio por meio da espoliação universal. Em vez de serem as injustiças da sociedade cortadas pela raiz, elas são generalizadas. Assim que adquirem poder político, as classes espoliadas não eliminam a espoliação legal (objetivo que exigiria mais esclarecimento do que possuem), mas estabelecem um sistema de represálias contra as outras classes, ainda que isso seja contra seus próprios interesses.

É como se fosse necessário, antes da chegada ao reino de justiça, que todos sofressem um castigo cruel, alguns por sua iniquidade, outros por sua ignorância.*

---

* Esse tópico curto constitui, talvez, uma das passagens mais elucidativas da história do Brasil já publicadas. Do Primeiro Reinado ao presente, nossa longa história de instabilidade pode ser lida como um conflito ininterrupto entre todas as classes para se apoderar das leis e se vingar da espoliação praticada pelos detentores prévios do poder, espoliando a eles e a todos os demais. Hoje é a ideia principal por trás dos programas de transferência de rendas e da política de cotas que, para corrigir espoliações anteriores, praticam novas espoliações.
Observe-se ainda que, na maioria dos países democráticos, a ideia da espoliação universal chegou a tal ponto que as eleições se reduzem a disputas entre grupos de interesse específicos, cada um desejoso de se apoderar das leis para beneficiar seu

OS RESULTADOS DA ESPOLIAÇÃO LEGAL

É impossível introduzir na sociedade maior mudança e maior mal do que a conversão da lei em um instrumento de espoliação.

Quais são as consequências dessa corrupção? Seriam necessários muitos volumes para descrevê-las todas. Contentemo-nos em apontar as mais notáveis:

Em primeiro lugar, apaga da consciência de todos a distinção entre justiça e injustiça.

Nenhuma sociedade pode existir se as leis não forem respeitadas até certo ponto, e o modo mais seguro de fazer isso é torná-las respeitáveis. Quando a lei e a moralidade se contradizem, o cidadão tem a alternativa cruel de perder seu senso moral ou seu respeito pela lei, dois males de igual importância entre os quais é difícil escolher.

É da natureza da lei fazer reinar a justiça, de tal modo que na mente das pessoas ambas são a mesma coisa. Todos nós temos uma forte inclinação a acreditar que o que é legal é também legítimo. Essa noção chega a tal ponto que muitas pessoas acreditam que as coisas são "justas" porque são legais. Assim, para que a espoliação pareça justa e sagrada a muitas consciências, basta que a lei a sancione. A escravidão, as restrições e os monopólios

---

próprio grupo. A ideia de "um bem comum", que diga respeito a toda a sociedade, faz-se cada vez menos presente.

encontram defensores não apenas naqueles que lucram com eles, mas também naqueles que com eles sofrem.*

O DESTINO DOS NÃO CONFORMISTAS

Levante dúvidas sobre a moralidade de alguma dessas instituições e lhe responderão: "É um vanguardista perigoso, um utopista, um teórico, um subversivo; compromete as bases sobre as quais a sociedade se ergue".

Discorrendo sobre moralidade ou ciência política, organizações oficiais enviarão cartas ao governo com as seguintes demandas:

> Que a ciência não seja mais ensinada exclusivamente do ponto de vista do livre mercado [da liberdade, da propriedade, da justiça], como tem sido o caso até agora, mas que seja ensinada, no futuro, especialmente do ponto de vista dos fatos e leis que regulam a indústria francesa [fatos e leis que são contrários à liberdade, à

---

* Talvez esteja aí a explicação para o conhecido e estranho fato de muitas leis, no Brasil, "não pegarem". Esmagado pela quantidade de leis absurdas e injustas, o cidadão aprendeu a descumpri-las sistematicamente e até criou um padrão de comportamento para burlá-las, o chamado "jeitinho".

propriedade e à justiça]. Que, nas posições de ensino custeadas pelo governo, o professor se refreie rigorosamente de colocar em perigo, no mínimo grau que seja, o respeito devido às leis em vigor no presente. (Conselho Geral das Manufaturas, da Indústria e do Comércio, 6 de maio de 1850)

Assim, se existir uma lei que sancione a escravidão ou o monopólio, a opressão ou o furto, em qualquer forma que seja, ela não deverá ser sequer mencionada, pois como fazê-lo sem prejudicar o respeito que inspira? Além do mais, a moralidade e a economia política deverão ser ensinadas do ponto de vista dessa lei, partindo da suposição de que é justa, simplesmente porque é lei.

Outra consequência dessa trágica corrupção da lei é que ela dá importância exagerada aos conflitos e às paixões políticas e à política em geral.

Eu poderia provar essa afirmação de milhares de maneiras, mas, como ilustração, limitarei meus esforços a um tema que tem ocupado a mente de todos: o sufrágio universal.

QUEM DEVE JULGAR?

Os seguidores de Rousseau* — que consideram a si mesmos muito avançados, mas que eu considero vinte séculos atrasados — não concordarão comigo, mas, usando as palavras em seu sentido mais estrito, não é crime examinar o sufrágio universal,[†] nem é ele um dogma sagrado do qual não se possa duvidar.

Podem-se fazer sérias objeções ao sufrágio universal. Em primeiro lugar, a palavra "universal" esconde uma evidente falácia. Por exemplo, há 36 milhões de pessoas na França. Assim, para tornar o sufrágio universal, deveria haver 36 milhões de eleitores. Mas o sistema mais abrangente só concede o voto a 9 milhões de pessoas: três de cada quatro são excluídas. A quarta alega o princípio de incapacidade para excluir as outras. Sufrágio universal significa, pois, sufrágio universal para aqueles que são capazes. Mas resta uma questão

---

* Jean-Jacques Rousseau (1712-78), escritor e teórico iluminista bastante influente, autor de *Discurso sobre a origem e os fundamentos da desigualdade entre os homens* e *O contrato social*.

† Em 1792, os deputados da Convenção foram eleitos por todos os homens com mais de 25 anos. Nos anos seguintes, houve vários padrões de sufrágio na França, mais e menos abrangentes, dependentes de fatores como renda, posses e alfabetização. O tópico era tema frequente de discussões calorosas e, às vezes, disputas judiciais. A Lei Constitucional de 1875 garantiu sufrágio universal masculino. O sufrágio foi estendido às mulheres em 1944.

factual: quem é capaz? Só os menores, as mulheres, os insanos e os condenados judicialmente devem ser declarados incapazes?

A RAZÃO POR QUE O VOTO É RESTRITO

Um exame mais detido do tema nos mostra o motivo de o direito ao voto basear-se na suposição de incapacidade. É que o eleitor não exerce esse direito apenas por si mesmo, mas por todos.

O sistema eleitoral mais abrangente e o mais restrito são similares nesse aspecto, diferenciando-se apenas no que constitui incapacidade. Não é uma diferença de princípio, mas de grau.

Se, como pretendem os republicanos das escolas grega e romana de hoje, o direito ao sufrágio existe desde o nascimento, seria uma injustiça que os adultos impedissem mulheres e crianças de votar. Por que isso acontece? Porque se presume que sejam incapazes. E por que a incapacidade é motivo para exclusão? Porque não é apenas aquele que vota que sofre as consequências do seu voto; porque cada voto atinge e afeta todos os membros da comunidade; porque a comunidade tem direito

REVOLUÇÕES POPULARES
Muitas reformas não surgem sem mobilização popular, mas quase sempre sob um clima de populismo e radicalização.

de exigir certas salvaguardas com relação aos atos de que dependem sua existência e seu bem-estar.

A RESPOSTA É RESTRINGIR A LEI

Sei o que se pode dizer em resposta a isso e conheço as objeções que podem ser levantadas, mas este não é o lugar para esgotar uma controvérsia dessa natureza. Desejo apenas observar que essa questão (assim como a maioria das questões), que conturba, excita e destrói nações, perderia quase toda a importância se a lei fosse o que deveria ser.

Se a lei se restringisse a proteger todas as pessoas, todas as liberdades e todas as propriedades; se a lei não fosse nada mais do que a combinação organizada do direito individual de legítima defesa; se a lei fosse o obstáculo, o controle, o castigo de toda opressão e espoliação — será que nós, cidadãos, discutiríamos a amplitude do direito ao voto?

Nessas circunstâncias, será que a amplitude do direito ao voto ameaçaria o maior dos bens, que é a paz pública? Será que as classes excluídas iam se recusar a esperar pacificamente pela sua vez de receber esse direito? Será que aqueles que o possuem defenderiam seu privilégio com tanto zelo?

Se a lei se confinasse às funções que lhe são próprias, o interesse de todos seria o mesmo; não é evidente que, nessas circunstâncias, aqueles que votam não poderiam prejudicar aqueles que não votam?

A IDEIA FUNESTA DA ESPOLIAÇÃO LEGAL

Imagine, por outro lado, que este princípio funesto seja introduzido: a pretexto de oferecer organização, regulamentação, proteção ou encorajamento, a lei tira de uns para dar a outros; toma riqueza de todos e a distribui para alguns — sejam eles agricultores, produtores, amadores, artistas ou atores. Sob tais circunstâncias, todas as classes aspirariam, com razão, à posse da lei.

As classes excluídas reivindicariam furiosamente o direito ao voto e prefeririam destruir a sociedade a não tê-lo. Até os mendigos e os vagabundos seriam capazes de oferecer provas incontestáveis da sua prerrogativa de votar:

> Não podemos comprar vinho, tabaco, nem sal sem pagar impostos. Uma parte desses impostos é repassada, por lei, via benefícios e subsídios, a pessoas que são

mais ricas do que nós. Outros usam a lei para aumentar o preço do pão, da carne, do ferro e do tecido. Assim, dado que todas as outras pessoas usam a lei em benefício próprio, também desejamos fazê-lo. Exigimos da lei o direito à assistência social, que é a espoliação do pobre. Para obtê-lo, devemos poder ser eleitores e elegíveis, para que possamos organizar em grande escala a esmola para nossa classe do mesmo modo que vocês organizam em grande escala a proteção para a sua. Ora, não digam aos mendigos que agem por nós para depois calar nossa boca com 600 mil francos, como propôs Mimerel,[*] como se nos lançassem um osso. Temos outras reivindicações. E, de todo modo, desejamos negociar em nosso próprio nome, como fizeram as outras classes![†]

E nada se poderá responder a esse argumento!

---

[*] Auguste Pierre Rémi Mimerel (1786-1871), industrial e político francês, pioneiro da organização dos industriais franceses em entidades de classe, vocal defensor do protecionismo e opositor do livre-comércio.

[†] Em quase todos os países democráticos, aconteceu, depois, exatamente o que Bastiat prevê aqui: com a espoliação generalizada, o sufrágio teve de ser estendido a todas as classes, inclusive à dos mendigos..

A CORRUPÇÃO DA LEI GERA CONFLITOS

Enquanto se aceitar que a lei seja desviada de sua função própria, que ela viole a propriedade em vez de protegê-la, todos desejarão participar da criação das leis, seja para se proteger da espoliação, seja para praticá-la. As questões políticas serão sempre prejudiciais, dominantes e absorventes. Haverá conflitos às portas da sede do Legislativo e os conflitos lá dentro não serão menores. Para saber disso, não é preciso sequer examinar o que as legislaturas inglesa e francesa transpiram; basta entender a questão.

É necessário oferecer provas de que essa odiosa corrupção da lei é uma fonte perpétua de ódio e discórdia, de que ela tende a destruir a própria sociedade? Se for, examinemos os Estados Unidos. Não há nenhum país no mundo onde a lei se mantenha mais confinada ao domínio que lhe é próprio: a proteção da liberdade e da propriedade de todas as pessoas. Em consequência, parece não haver nenhum outro país no mundo onde a ordem social repouse sobre uma fundação mais firme. Mas, mesmo nesse país, há duas — e só duas — questões que sempre ameaçaram a paz pública.*

---

* Para entender a clarividência da observação de Bastiat, basta observar que, na época (1850), os Estados Unidos estavam longe de ser o país mais poderoso do mundo; eram só uma nação agrária promissora, não muito diferente do seu vizinho do sul, o Brasil. No futuro, não apenas os Estados Unidos se tornariam a

A ESCRAVIDÃO E O PROTECIONISMO SÃO ESPOLIAÇÕES

Quais são essas duas questões? A escravidão e o protecionismo. São as duas únicas em que, contrariamente ao espírito geral da república dos Estados Unidos, a lei assumiu o caráter de espoliação.

A escravidão é uma violação, sancionada pela lei, da liberdade. O protecionismo é uma violação, perpetrada pela lei, da propriedade.

É dos fatos mais notáveis que esse duplo crime legal, uma triste herança do Velho Mundo, seja a única questão que pode levar, e talvez leve, à dissolução da União. É, de fato, impossível imaginar, no coração de uma sociedade, um fato mais espantoso que este: a lei transformada em um instrumento de injustiça. E esse fato traz para os Estados Unidos, onde a função apropriada da lei só foi corrompida nos casos da escravidão e do protecionismo, terríveis consequências, as mesmas que devem acometer a Europa, onde a corrupção da lei é um princípio, um sistema.

---

nação mais próspera do planeta, mas 11 anos depois da observação de Bastiat entrariam em uma guerra civil (1861-5) motivada precisamente pelos dois problemas que ele aponta como desvios da lei naquele país em 1850: a escravidão e o protecionismo alfandegário. A história dos Estados Unidos é o argumento mais eloquente em favor das teses de Bastiat.

DOIS TIPOS DE ESPOLIAÇÃO

Montalembert,[*] seguindo uma famosa proclamação de Carlier, disse: "Devemos declarar guerra ao socialismo". De acordo com a definição de socialismo proposta por Charles Dupin,[†] o que ele quis dizer foi: "Devemos declarar guerra à espoliação".[‡]

Mas a qual espoliação? Pois há dois tipos: a legal e a ilegal.

Não creio que a espoliação ilegal, de que são exemplos o furto e a fraude, que o código penal define, antecipa e pune, possa ser chamada de socialismo. Não é esse tipo de espoliação que ameaça sistematicamente as bases da nossa sociedade e, de todo modo, a guerra contra ele não esperou pela ordem desses senhores. A guerra contra a espoliação ilegal está em curso desde que o mundo é mun-

---

[*] Charles Forbes René, conde de Montalembert (1810-70), jornalista, historiador e político francês de inclinações liberais. A frase completa, proferida em defesa de uma lei de 1852 que dificultava a vitória eleitoral dos socialistas, é: "Desejamos declarar guerra legal ao socialismo, a fim de evitar a guerra civil".

[†] Charles Dupin (1784-1873), matemático, engenheiro, economista e político de direita.

[‡] Observe-se que o que Bastiat entende por "socialismo" é um conjunto de ideias mais ou menos vagas a respeito da abolição da propriedade privada que Marx chamaria, mais tarde, de "socialismo utópico". Quando *A lei* foi publicado, em 1850, o *Manifesto comunista* havia acabado de sair e *O capital* ainda não havia sido escrito.

do. Muito antes da Revolução de 1848, muito antes do próprio aparecimento do socialismo, a França dispunha de policiais, juízes, gendarmes, prisões, masmorras e cadafalsos com o propósito de combater a espoliação ilegal. A própria lei comanda esta guerra e é meu desejo e opinião que deve manter essa atitude diante da espoliação.

A LEI PROTEGE A ESPOLIAÇÃO

Mas nem sempre a lei mantém tal atitude. Às vezes, ela protege a espoliação e participa dela, poupando a seus beneficiários a vergonha, o perigo e os escrúpulos que seus atos envolveriam de outra forma. Vez por outra, a lei coloca todo o aparato de juízes, policiais, prisões e gendarmes a serviço dos espoliadores e trata a vítima, quando ela se defende, como criminosa. Em suma, há uma espoliação legal e é desta, sem dúvida, que Montalembert fala.[*]

Tal espoliação legal pode ser apenas uma nódoa isolada entre as medidas legislativas do povo. Nesse caso,

---

[*] As invasões do MST e a condenação aos agricultores que as combatem são um dos grandes exemplos de quando "a lei coloca todo o aparato de juízes, policiais, prisões e gendarmes a serviço dos espoliadores e trata a vítima, quando ela se defende, como criminosa".

é melhor limpá-la com o mínimo necessário de discursos e denúncias, a despeito dos interesses particulares.

COMO IDENTIFICAR A ESPOLIAÇÃO LEGAL

É muito simples: observe se a lei toma de algumas pessoas algo que lhes pertence para dar a outras às quais não pertence. Observe se a lei beneficia um cidadão às custas de outro, fazendo o que ele não poderia fazer sem cometer um crime.

Depois, anule essa lei sem demora, pois não apenas é má em si mesma, mas também é uma fonte fértil para males ulteriores, pois convida à represália. Se tal lei, que pode constituir um caso isolado, não for anulada imediatamente, ela vai se espalhar, multiplicando-se e se transformando em um sistema.

As pessoas a quem tal lei beneficia se queixarão com amargura, defendendo seus direitos adquiridos. Dirão que o Estado é obrigado a proteger e encorajar seu setor específico; que esse procedimento enriquece o Estado porque o setor protegido consegue, com isso, gastar mais e pagar mais aos pobres.[*]

---

[*] Bastiat dedicou um famoso ensaio, *"Ce qu'on voit et ce qu'on ne voit pas"* [Aquilo que se vê e aquilo que não se vê] (1850), a refutar esse tipo de argumento, chamado de "falácia da janela

Não dê ouvidos a esses sofismas; é justamente a aceitação de argumentos desse tipo que transforma a espoliação legal em um sistema completo. Na verdade, isso já ocorreu. A ilusão do nosso tempo é a tentativa de enriquecer todos às custas dos demais, tornar a espoliação universal sob o pretexto de organizá-la.*

---

quebrada". Segundo ele, toda ação econômica tem consequências visíveis e consequências invisíveis. No caso, a consequência visível dos benefícios governamentais a certos setores seria o aumento dos salários. Mas qual é a consequência invisível? Que o dinheiro usado para esse benefício será, necessariamente, retirado de algum outro setor, no qual poderia gerar mais empregos ou maiores salários. Esse fenômeno é conhecido como "lei das consequências não intencionais".

* Não é preciso dizer que, segundo a definição de Bastiat, a espoliação legal já se transformou em um sistema completo não só no Brasil, mas na maior parte do mundo, como ficará ainda mais evidente no tópico seguinte. Quase todos os países tiram de alguns o que lhes pertence para dar a outros aos quais não pertence. Imposto de renda, imposto sobre herança, programas sociais, todos se enquadram nessa definição, em uma flagrante tentativa de "enriquecer todos às custas dos demais". No Brasil, além desses, há certos casos particulares, como as aposentadorias especiais de certas categorias, a isenção fiscal concedida a certas indústrias e instituições religiosas, além das universidades "gratuitas".

Movimentos anárquicos financiados pelo poder público. Receita para o caos.

A ESPOLIAÇÃO LEGAL TEM MUITOS NOMES

Ora, a espoliação legal pode ser cometida de infinitos modos. Assim, há um número infinito de planos para organizá-la: tarifas, proteções, subsídios, incentivos, taxações progressivas, educação pública, direito a emprego, direito a lucro, direito a programas sociais, direito a ferramentas de trabalho, salário mínimo, crédito fácil e assim por diante. A totalidade desses planos, naquilo que têm em comum, a espoliação legal, recebe o nome de socialismo.

Ora, dado que por essa definição o socialismo é um corpo doutrinário, que ataque se pode fazer contra ele senão uma guerra doutrinária? Se acreditamos que tal doutrina é falsa, absurda e má, então deve ser refutada. E quanto mais falsa, mais absurda e má ela for, mais fácil será refutá-la. Sobretudo, se quiser se armar, comece por extirpar da sua legislação qualquer partícula de socialismo que possa ter deslizado para lá. Não será tarefa fácil.

SOCIALISMO É ESPOLIAÇÃO LEGAL

Acusa-se Montalembert de desejar combater o socialismo com força bruta, mas ele deve ser inocentado da acusação, pois diz com toda a clareza: "A guerra a ser lutada contra o socialismo deve estar em harmonia com a lei, a honra e a justiça".

Mas por que Montalembert não vê que está em um círculo vicioso? Você usaria a lei para se opor ao socialismo? Mas é dela que ele depende: os socialistas desejam praticar a espoliação *legal*, não a espoliação *ilegal*. Como todos os outros monopolistas, desejam transformar a lei em instrumento próprio. E, quando a lei está do lado do socialismo, como pode ser usada contra o socialismo? Quando a espoliação é sancionada por lei, não teme tribunais, gendarmes ou prisões. Ao contrário, ela pede ajuda a eles.

Assim, o que fazer? Impedir o socialismo de penetrar na elaboração das leis? Impedir os socialistas de fazerem parte do Legislativo? Posso prever que, enquanto a espoliação legal continuar a ser a principal atividade da legislatura, tais medidas não terão sucesso. É ilógico, até absurdo, supor o contrário.

A ESCOLHA DIANTE DE NÓS

A questão da espoliação legal deve ser resolvida de uma vez por todas e só há três maneiras de fazer isso:

1. Poucos espoliam muitos
2. Todos espoliam todos
3. Ninguém espolia ninguém

Devemos escolher entre a espoliação parcial, a espoliação universal e a ausência de espoliação. A lei só pode estar de acordo com uma dessas três:

ESPOLIAÇÃO LEGAL PARCIAL: Este sistema prevalecia quando o direito ao voto era restrito, agora se deseja voltar a ele para evitar a invasão do socialismo.

ESPOLIAÇÃO LEGAL UNIVERSAL: Somos ameaçados por este sistema desde que o direito ao voto se tornou universal. A nova maioria recém-emancipada decidiu formular leis baseadas no mesmo princípio da espoliação legal que era usado quando o voto era limitado.

AUSÊNCIA DE ESPOLIAÇÃO LEGAL: Este é o princípio da justiça, da paz, da ordem, da estabilidade, da harmonia e da lógica. Até o último dos meus dias eu o proclamarei com toda a força dos meus pulmões, que está longe de ser adequada.*

---

* Segundo essa classificação, pode-se afirmar que, no Brasil, historicamente, poucos espoliaram muitos. Uma classe dominante, cheia de privilégios, foi, como já discutido anteriormente, a constante entre nós desde o descobrimento do país. A partir da promulgação da Constituição de 1988 e de maneira mais saliente a partir do governo Fernando Henrique Cardoso (1995-2002), houve uma tentativa de corrigir esse padrão. O resultado foi a instituição, cada vez mais aprofundada, da espoliação universal, sem que as mesmas classes de antes deixassem de ficar com a maior fatia do bolo.

A FUNÇÃO PRÓPRIA DA LEI

E, com toda a sinceridade, pode-se exigir algo mais da lei além da ausência de espoliação? Pode a lei, que necessariamente requer o uso da força, ser usada racionalmente para algo além da proteção dos direitos de todos? Desafio qualquer um a estendê-la para além desse limite sem corrompê-la e, por consequência, lançar a força contra o direito. Essa é a perversão social mais funesta e mais ilógica que se pode imaginar. Deve-se admitir que a verdadeira solução, pela qual tanto se procura na área das relações sociais, está contida nestas palavras simples: a lei é a justiça organizada.

Ora, é preciso afirmar: quando a justiça é organizada pela lei, isto é, pela força, isto exclui a ideia de usá-la para organizar qualquer atividade humana de qualquer tipo, seja o trabalho, a caridade, a agricultura, o comércio, a indústria, a educação ou a religião. A organização de qualquer uma dessas atividades por lei destruiria inevitavelmente a organização essencial, a justiça. Pois, de fato, como imaginar a força sendo usada contra a liberdade dos cidadãos sem ser usada também contra a justiça, agindo, assim, contra sua própria função?

O ENGODO SEDUTOR DO SOCIALISMO

Descubro aqui a falácia mais popular do nosso tempo: Não se considera suficiente que a lei seja justa; ela deve ser filantrópica. Nem é suficiente que garanta a todos os cidadãos o uso livre e inofensivo de todas as suas faculdades para o próprio aperfeiçoamento físico, intelectual e moral. Em vez disso, exige-se que a lei conceda diretamente bem-estar, educação e moralidade para toda a nação.

Esse é o engodo sedutor do socialismo. Repito, mais uma vez: esses dois usos da lei se contradizem diretamente. É preciso escolher entre eles. Um cidadão não pode ser e não ser livre ao mesmo tempo.*

---

* Desde o tempo de Bastiat passou-se a exigir mais ainda da lei. Apenas um exemplo recente, notável pelo absurdo: no dia 28 de julho de 2015, entrou em vigor no Espírito Santo uma lei que proíbe a presença de saleiros em bares e restaurantes do estado. Em fevereiro de 2016, lei semelhante foi aprovada na cidade de Porto Alegre. A lei, portanto, arroga-se o papel de fiscal da saúde dos cidadãos, privando-os da liberdade de escolher a quantidade de sal nos seus alimentos.

A FRATERNIDADE IMPOSTA DESTRÓI A LIBERDADE

Lamartine* uma vez me escreveu o seguinte: "Sua doutrina é apenas a metade do meu programa. Parou na liberdade; eu continuo até chegar à fraternidade". Eu lhe respondi: "A segunda metade do seu programa destruirá a primeira".

É impossível para mim separar a palavra "fraternidade" da palavra "voluntária". Não consigo entender como a fraternidade pode ser legalmente imposta sem que a liberdade seja legalmente destruída e assim a justiça seja legalmente pisoteada.

A espoliação legal tem duas raízes: uma delas, como afirmei antes, é a cobiça humana; a outra é a falsa filantropia. Nesse ponto creio que devo explicar o que quero dizer com a palavra "espoliação".

A ESPOLIAÇÃO VIOLA A PROPRIEDADE

Não uso a palavra, como se costuma fazer, em sentido vago, incerto, aproximativo ou metafórico. Uso-a na acepção científica, para expressar a ideia oposta à de

---

* Alphonse Marie Louis de Prat de Lamartine, *chevalier* de Pratz (1790-1869), escritor e político francês.

propriedade. Quando uma porção de riqueza é transferida, sem consentimento e sem compensação, por força ou por fraude, da pessoa que é dona dela para qualquer um que não seja dono dela, afirmo que houve uma violação de propriedade e, portanto, cometeu-se um ato de espoliação.*

Afirmo que tal ato é exatamente o que a lei deve coibir, sempre e em toda a parte. Mesmo quando é a própria lei que o pratica, acredito que ainda se comete espoliação e acrescento que do ponto de vista da sociedade e do bem-estar essa agressão contra o direito é ainda pior. No caso da espoliação legal, no entanto, quem recebe o benefício não é responsável pelo ato de espoliação; a responsabilidade repousa sobre as leis, os legisladores e a própria sociedade. É aí que está o perigo político.

É lamentável que a palavra espoliação seja ofensiva. Tentei, em vão, encontrar uma inofensiva, pois não gostaria em momento nenhum, e especialmente agora, de acrescentar um termo cáustico às nossas discordâncias. Assim, acreditem ou não em mim, declaro que não desejo atacar as intenções nem a moralidade de ninguém. Ao contrário, ataco uma ideia que acredito ser falsa; um sistema que me parece ser injusto; uma injustiça tão independente das intenções pessoais que cada um de nós lucra com ela sem desejar fazê-lo e sofre com ela sem saber por quê.

---

* Segundo o Houaiss, "espoliação" é um termo jurídico que denota o "ato de privar alguém de algo que lhe pertence ou a que tem direito por meio de fraude ou violência".

"Bom dia! Somos uma ONG financiada pelo governo."

TRÊS SISTEMAS DE ESPOLIAÇÃO

Seria necessário estar sob efeito do partidarismo ou do medo para questionar a sinceridade daqueles que defendem o protecionismo, o socialismo e o comunismo, que não passam de uma mesma planta em três estágios diferentes de desenvolvimento. Tudo o que se pode afirmar é que a espoliação é mais visível no comunismo porque é completa e no protecionismo[*] porque se limita a certos grupos e interesses específicos. Assim se segue que, dos três sistemas, o socialismo é o estágio de desenvolvimento mais vago, indeciso e, consequentemente, sincero.

Mas, sinceras ou insinceras, as intenções pessoais não estão em questão. Eu já disse que a espoliação legal se baseia parcialmente na filantropia, embora em falsa filantropia.

Com essa explicação, examinemos o valor, isto é, a origem e o destino da aspiração popular de chegar ao bem-estar geral por meio da espoliação geral.

---

[*] Se o privilégio da proteção governamental contra a competição — um monopólio — fosse garantido apenas a um grupo da França, os ferreiros, por exemplo, tal ato constituiria uma espoliação legal tão óbvia que não poderia durar muito. É por isso que vemos todas as atividades protegidas se combinarem em prol de uma causa comum. Elas até se organizam de modo a dar a impressão de representar todas as pessoas que trabalham. Instintivamente, sentem que se esconde a espoliação legal ao generalizá-la. (N. A.)

A LEI É FORÇA

Dado que a lei organiza a justiça, os socialistas perguntam por que ela não deveria organizar também o trabalho, a educação e a religião.

Por que não usá-la para esses propósitos? Porque não pode organizar o trabalho, a educação e a religião sem destruir a justiça. Devemos lembrar que a lei é força e, consequentemente, seu domínio não pode ultrapassar legitimamente o domínio da força.

Quando a lei mantém alguém dentro dos limites da justiça, ela não impõe nada, apenas uma negação, a obrigação de abster-se de prejudicar os outros. Ela não viola a personalidade, a propriedade nem a liberdade de ninguém, mas protege tudo isso. Ela é defensiva, defendendo igualmente os direitos de todos.

A LEI É UM CONCEITO NEGATIVO

A lei cumpre uma missão cuja inocuidade é evidente, cuja utilidade é óbvia e cuja legitimidade é incontestável.

Como observou certa vez um amigo: esse conceito negativo da lei é tão verdadeiro que não é rigorosamente exato afirmar que o propósito da lei é fazer com que reine a justiça. Deve-se afirmar que o propósito da lei é impedir que reine a injustiça. Não é a justiça que tem existência própria, é a injustiça. Uma é resultado da ausência da outra.

Quando a lei, por intermédio do seu agente necessário: a força, impõe um modo de trabalho, um método ou tema de ensino, um credo ou fé, ela age não negativa, mas positivamente sobre os homens. Ela substitui a vontade de cada um pela vontade dos legisladores, a iniciativa de cada um pela iniciativa dos legisladores. Ninguém precisa mais discutir, comparar, planejar com antecedência; a lei faz tudo isso por nós. A inteligência se torna então um apoio desnecessário e as pessoas deixam de ser humanas; perdem sua personalidade, sua liberdade e sua propriedade.

Tente-se imaginar uma forma de trabalho imposta pela força que não fira a liberdade ou uma transferência de riqueza imposta pela força que não seja uma violação da propriedade. Se isso for impossível, deve-se reconhecer que a lei não pode organizar o trabalho e a indústria sem organizar a injustiça.[*]

---

[*] Aqui, nos tópicos anteriores e em vários outros pontos do livro, Bastiat trabalha com o que viria a ser definido, cerca de um século depois, como "liberdade negativa", pelo filósofo britânico Isaiah Berlin (1909-97). Embora a distinção entre liberdade positiva e negativa já estivesse subentendida pelo menos desde Immanuel Kant (1724-1804), foi Berlin quem analisou a distinção em detalhes na aula "Two Concepts of Liberty" [Dois conceitos de liberdade] (1959), publicada na coletânea *Quatro ensaios sobre a liberdade*. Enquanto a liberdade positiva é a possibilidade de agir de modo a obter controle da própria vida, a liberdade negativa é a ausência de coerções e obstáculos às ações priva-

A ABORDAGEM DOS POLÍTICOS

Quando observam a sociedade desde o conforto de seu gabinete, os políticos se espantam com o espetáculo da desigualdade que se apresenta diante de seus olhos e lamentam os sofrimentos que são o fardo de tantos dos nossos irmãos e que parecem ainda mais tristes quando contrastados com o luxo e a riqueza.

Talvez eles devessem se perguntar se esse estado de coisas na sociedade não se originou de antigas conquistas e pilhagens e, mais recentemente, da espoliação legal. Talvez devessem considerar a seguinte proposição: dado que os homens aspiram ao bem-estar e à perfeição, não seria o reinado da justiça suficiente para gerar os maiores esforços em busca do progresso e a maior igualdade possível que esteja de acordo com a responsabilidade individual, estabelecida por Deus para que o homem possa escolher

---

das do agente. Berlin aponta, como Bastiat apontara antes, que essas duas liberdades são muitas vezes contraditórias. Ao pretender dar aos indivíduos capacidade de controle (liberdade positiva), dirá Bastiat, o Estado exerce coerção sobre eles e, assim, fere sua liberdade (negativa). Um exemplo brasileiro: a CLT pretende dar ao trabalhador maior controle nas negociações com os patrões; ao fazê-lo, no entanto, priva-o da liberdade de negociar suas condições de trabalho livremente (e, por exemplo, abrir mão das férias em troca de um salário maior). É preciso ter isso em mente ao ler os tópicos que se seguem, sobretudo aqueles em que Bastiat polemiza com vários autores que, ao contrário dele, defendem o que se poderia classificar como um conceito positivo de liberdade.

entre o vício e a virtude e ter como resultado recompensa ou punição?

Os políticos, porém, jamais consideram isso; sua mente se concentra em organizações, combinações e arranjos, tanto os legais quanto os que parecem legais. Em busca de remediar o mal, aumentam e perpetuam aquilo que o causou: a espoliação legal. Já vimos que a justiça é um conceito negativo. Haverá pelo menos uma ação legal positiva que não contenha o princípio da espoliação?

A LEI E A CARIDADE

Afirmam que "há pessoas que não têm dinheiro" e recorrem à lei. Mas a lei não é uma teta que se enche de leite ou cujas glândulas mamárias possam ser supridas por alguma fonte externa à sociedade. Nenhuma riqueza entra no tesouro nacional em benefício de um cidadão ou de uma classe sem que outros cidadãos e outras classes tenham sido forçados a cedê-la. Se cada pessoa retirar do tesouro a quantia que pôs lá, é fato que a lei não espoliará ninguém, mas esse procedimento não ajuda em nada às pessoas que não têm dinheiro, não faz nenhuma diferença na igualdade de renda. A lei só pode ser instrumento da igualdade se tirar de algumas pessoas para dar a outras; ao fazê-lo, ela é instrumento da espoliação.

RICOS E POBRES
A reconciliação – ou como deveria ser

Sob esse ponto de vista, examinem-se o protecionismo tarifário, os subsídios, o direito ao lucro, ao trabalho, os serviços sociais e esquemas de bem-estar social, a educação pública, a taxação progressiva, o crédito fácil, as obras públicas. Sempre se descobrirá que são baseados na espoliação legal, na injustiça organizada.

A LEI E A EDUCAÇÃO

Afirmam que "há pessoas que não têm acesso à educação" e recorrem à lei. Mas a lei, em si mesma, não é uma tocha de saber que ilumina tudo em volta com a luz que emana. A lei se estende por uma sociedade em que há homens que têm conhecimento e outros que não o têm, em que alguns cidadãos precisam aprender e outros podem ensinar. No que se refere à educação, a lei só tem duas alternativas: deixar o processo de ensino e aprendizagem acontecer livremente, sem usar a força, ou impor-se sobre a vontade dos homens, tirando de alguns deles o necessário para pagar professores indicados pelo governo para que instruam outros, sem cobrar. Mas no segundo caso, a lei comete espoliação legal, violando a liberdade e a propriedade.

A LEI E A MORALIDADE

Afirmam que "há pessoas que não têm moralidade nem religião" e recorrem à lei. Mas a lei é a força. É necessário apontar o quanto é violento e infrutífero usar a força em questões de moralidade e religião?

Poderia parecer que os socialistas, a despeito de sua presunção, não deixam de perceber a monstruosa espoliação legal que resulta de tais sistemas e de tais esforços. Mas o que fazem eles? Escondem com astúcia essa espoliação dos outros e até de si mesmos, chamando-a pelos nomes sedutores de fraternidade, solidariedade, organização e associação. Porque exigimos tão pouco da lei, apenas justiça, eles pressupõem que rejeitamos a fraternidade, a solidariedade, a organização e a associação e nos rotulam de individualistas.

Saibam, pois, que repudiamos apenas a organização forçada, não a natural. Repudiamos as formas de associação que nos são impostas, não a livre associação. Repudiamos a fraternidade imposta, não a verdadeira. Repudiamos a solidariedade artificial, que não faz nada além de privar as pessoas de sua responsabilidade individual. Não repudiamos a solidariedade natural, que existe nos homens graças à Providência.

UMA CONFUSÃO DE TERMOS

Assim como as velhas ideias de que brota, o socialismo confunde o governo com a sociedade. O resultado é que cada vez que nos opomos a que o governo faça uma coisa, concluem que nos opomos a que a coisa seja feita.

Se desaprovamos a educação pública, dizem que nos opomos à educação como um todo. Se fazemos objeções à religião estatal, dizem que não queremos religião nenhuma. Se desaprovamos a igualdade imposta pelo Estado, dizem que somos contra a igualdade. E assim por diante... É como se os socialistas nos acusassem de não querer que as pessoas comam porque não queremos que o Estado cultive trigo.

A INFLUÊNCIA DOS TEÓRICOS

Como foi que os políticos passaram a acreditar na ideia bizarra de que se poderia fazer com que a lei gerasse o que ela não contém: a riqueza, a ciência e a religião, que, num sentido positivo, constituem a prosperidade? Será que isso se deve à influência dos teóricos políticos modernos?

Os teóricos contemporâneos, especialmente os da escola socialista, fundamentam suas várias teorias sobre uma hipótese comum, que é certamente a ideia mais estranha e mais presunçosa que já foi parar em um cérebro humano: eles dividem a espécie em dois grupos. As pessoas, em geral, com exceção do teórico, formam o primeiro grupo. O teórico, e só ele, forma o segundo e mais importante grupo.

Basicamente, os teóricos partem da suposição de que as pessoas não possuem em si mesmas nenhuma motivação para agir, nenhum meio de discernimento; são desprovidas de iniciativa, matéria inerte, moléculas passivas, átomos sem espontaneidade, em suma, vegetais indiferentes à própria forma de existência, suscetíveis a adotar, por influência da vontade e das mãos de outrem, um número infinito de formas mais ou menos simétricas, artísticas e acabadas.

Além disso, nenhum deles hesita em imaginar que ele próprio, sob o nome de organizador, revelador, legislador, criador ou fundador é a vontade e a mão, o motor universal, o poder criador cuja sublime missão é reunir em sociedade esses materiais dispersos que são os homens.

Assim como cada jardineiro talha as árvores, de acordo com seus caprichos, em forma de pirâmides, guarda-sóis, cubos, cones, vasos, leques e outras coisas, cada socialista, de acordo com suas fantasias, talha a pobre humanidade em grupos, séries, centros, subcentros, alvéolos, obras públicas, pacíficos, arredios e outras variações. E, do mesmo modo que o jardineiro, que precisa de machados, serras e tesouras para moldar suas árvores, o socialista, para moldar a sociedade, precisa de forças que só pode encontrar nas leis: das tarifas aduaneiras, dos impostos, da assistência social, da educação pública.

OS SOCIALISTAS QUEREM BRINCAR DE DEUS

Os socialistas consideram as pessoas um material bruto para combinações sociais, fato tão verdadeiro que, se lhes acontece de ter dúvidas quanto ao sucesso de alguma combinação, exigem que uma pequena parte da humanidade seja considerada matéria para experiência. Sabemos como é popular entre eles a ideia de experimentar todos os sistemas; um de seus líderes pediu à Assembleia Constituinte, a sério, que lhe concedesse um distrito com todos os seus habitantes para que pudesse fazer uma experiência.

Assim procede o inventor que fabrica uma maquete de sua máquina antes de construí-la em tamanho real. Do mesmo modo, o químico sacrifica alguns reagentes e o agricultor sacrifica algumas sementes e um pedaço do campo para experimentar uma ideia.

Mas que distância incomensurável existe entre o jardineiro e as árvores, entre o inventor e a máquina, entre o químico e os reagentes, entre o agricultor e as sementes! O socialista crê, de boa-fé, que a mesma diferença o separa da humanidade.

Não é de se estranhar que os teóricos do século xix considerem a sociedade uma criação artificial proveniente do gênio do legislador. Essa ideia, fruto da educação clássica, dominou todos os pensadores, todos os grandes escritores do nosso país. Todos veem entre a humanidade e o legislador a mesma relação que existe entre a argila e o ceramista.

Além disso, mesmo quando aceitam reconhecer um princípio de ação no coração do homem e um princípio de discernimento no seu intelecto, consideram que tais dons de Deus são propensões funestas, sob cuja influência os homens caminhariam fatalmente para a própria ruína. Argumentaram ser certo que, abandonada às próprias inclinações, a humanidade desembocaria não na religião, mas no ateísmo, não no conhecimento, mas na ignorância, não na produção e na troca, mas na miséria.

O DESPREZO PELA HUMANIDADE

Segundo esses teóricos, é, de fato, uma felicidade que os céus tenham concedido a certos homens, governantes e legisladores, para benefício não só deles, mas também do resto do mundo, o privilégio de possuir tendências diametralmente opostas a essas. Enquanto a espécie humana tende para o mal, os governantes anseiam pelo bem. Enquanto a humanidade caminha para as trevas, os legisladores aspiram a iluminação; enquanto a humanidade é arrastada para o vício, eles são atraídos para a virtude. Dado isto, reclamam o uso da força, a fim de poder substituir as tendências da espécie humana pelas suas próprias.

Basta abrir qualquer livro de filosofia, de política ou de história para que se veja o quanto está enraizada em nosso país a ideia, filha dos estudos clássicos e mãe do socialismo, de que a humanidade é uma matéria inerte, que recebe de um poder a vida, a organização, a moralidade e a prosperidade. Ou, pior ainda, de que a humanidade, abandonada a si mesma, tende à degradação, a qual só pode ser interrompida pela mão misteriosa do legislador. Por toda parte, o pensamento clássico convencional nos revela, por trás da sociedade passiva, um poder oculto que, chamado de lei, move, anima, enriquece e moraliza a humanidade representado por um legislador ou qualquer outro termo que designe uma pessoa indeterminada com autoridade e influência.

UMA DEFESA DO TRABALHO COMPULSÓRIO

Veja-se, por exemplo, Bossuet:[*]

> Uma das coisas mais inculcadas [por quem?] no espírito dos egípcios era o amor à pátria [...]. Não se permitia a ninguém ser inútil ao Estado; a lei indicava a cada um a

---

[*] Jacques-Bénigne Bossuet (1627-1704), bispo e teólogo francês, influente teórico do absolutismo e do direito divino dos reis, prega a ideia de que o monarca não está sujeito a nenhuma autoridade humana, mas apenas à vontade de Deus, da qual obtém sua legitimidade.

Uma defesa do trabalho compulsório

As pirâmides são exemplos das maravilhas do Egito que Bossuet admirava — e foram construídas com trabalho escravo.

sua função, que se perpetuava de pai para filho. Não se permitia a ninguém o exercício de duas profissões nem mudar de profissão [...]. Mas havia uma ocupação que tinha de ser comum: o estudo das leis e da sabedoria. A ignorância da religião e da política do país não era desculpável em nenhuma circunstância. Além disso, cada profissão tinha seu cantão, que lhe era atribuído [por quem?] [...]. Entre as boas leis, o que havia de melhor é que todo o mundo era treinado [por quem?] no espírito de sua observância [...]. O resultado é que o Egito encheu-se de invenções maravilhosas e nada do que pudesse tornar a vida mais cômoda e mais tranquila foi negligenciado.

Assim, segundo Bossuet, nada nos homens se origina neles mesmos: patriotismo, prosperidade, invenções, trabalho, ciência, tudo lhes é dado pela operação das leis ou dos reis. Tudo o que o povo tem de fazer é ajoelhar-se ante os soberanos.

UMA DEFESA DO GOVERNO PATERNALISTA

Bossuet leva tão longe a ideia do Estado como fonte de todo o progresso que chega ao ponto de defender os egípcios contra a acusação de que rejeitavam a luta e a música:

"Como isso seria possível? Essas artes foram inventadas por Trimegisto [que se supõe ter sido sacerdote do deus egípcio Osíris]".

Também entre os persas, tudo vinha de cima, segundo Bossuet: "Uma das primeiras responsabilidades do príncipe era encorajar a agricultura [...]. Assim como havia cargos destinados à condução dos exércitos, havia outros para dirigir o trabalho do solo [...]. O povo persa era inspirado por um respeito devastador pela autoridade real".

Os gregos, embora extremamente inteligentes, não eram menos estranhos a seu próprio destino, de tal modo que, por si mesmos, não seriam capazes de subir a uma altura maior do que a das brincadeiras simples, como os cães e os cavalos. É uma convenção clássica que tudo vem de fora das pessoas:

> Os gregos, inteligentes e corajosos por natureza, foram desde cedo aprimorados pelos reis e colonizadores que vinham do Egito. Foi com eles que aprenderam os exercícios do corpo, a corrida a pé, a cavalo, com carruagens [...]. Mas o que os egípcios lhes ensinaram de melhor foi a tornar-se dóceis, a se deixar formar por leis criadas para promover o bem público.

A IDEIA DA HUMANIDADE PASSIVA

Outro exemplo é Fénelon.* Ele foi testemunha do poder de Luís xiv. Isso, somado ao fato de que foi formado pelos estudos clássicos e pela admiração da antiguidade, naturalmente levou Fénelon a aceitar a ideia de que a humanidade era passiva, de que tanto seus sofrimentos quanto sua prosperidade e tanto suas virtudes quanto seus vícios lhe vinham de uma ação exterior exercida sobre ela pelas leis ou por aqueles que as criavam. Assim, na sua utópica Salento, ele mostra os homens, com seus interesses, faculdades, desejos e bens, sob tutela absoluta dos legisladores. Em qualquer tópico que se examine, jamais decidem por si mesmos, quem decide é o príncipe. A nação não passa de uma matéria informe cuja alma é o príncipe. É nele que moram o pensamento, a previdência, o princípio de toda a organização, de todo o progresso e, por consequência, de toda a responsabilidade.

Para provar isso, bastaria transcrever aqui todo o décimo livro de *As aventuras de Telêmaco*. Remeto o leitor a ele e me contento em citar ao acaso algumas passagens

---

* François Fénelon (1651-1715), bispo, teólogo e escritor francês, tutor do duque de Borgonha. Escreveu *As aventuras de Telêmaco* (1699), romance didático-clássico que pretende preencher uma lacuna na *Odisseia*, de Homero, narrando a educação do filho de Ulisses, Telêmaco, por meio de diversas viagens em companhia de seu tutor.

do célebre poema, cujo valor, em outros aspectos, sou o primeiro a celebrar.

A IGNORÂNCIA DA RAZÃO E DOS FATOS

Com aquela credulidade espantosa que caracteriza os clássicos, Fénelon pressupõe, a despeito da autoridade da razão e dos fatos, a felicidade geral dos egípcios, que atribui não à sabedoria deles, mas à de seus reis:

> Não era possível lançar os olhos sobre os dois rios sem perceber cidades opulentas, casas de campo nos locais mais agradáveis, terras que se cobriam a cada ano de colheitas douradas em prados cheios de rebanhos, trabalhadores inclinando-se sob o peso dos frutos que a terra oferece, pastores que fazem ecoar por toda a parte o doce som de suas flautas e de seus pífaros. "Feliz", dizia Mentor, "o povo que é conduzido por um rei sábio".

> Depois, Mentor me fez notar a alegria e a abundância espalhadas por todo o campo do Egito, onde se podiam contar 22 mil cidades. A justiça feita a favor do pobre contra o rico; a boa educação das crianças, acostumadas à obediência, ao trabalho, à sobriedade, ao amor pelas artes e pelas letras; a exatidão na celebração de to-

das as cerimônias religiosas, o desinteresse, a ânsia pela honra, a lealdade aos homens e o temor aos deuses que cada pai inspirava aos filhos. Ele não se cansava de admirar essa bela ordem. "Feliz", dizia ele, "o povo que um rei sábio conduz desta maneira".

O DESEJO DE ARREGIMENTAR AS PESSOAS

De Creta, Fénelon faz um idílio ainda mais sedutor. Em seguida, coloca na boca de Mentor as seguintes palavras:

> Tudo o que vós veem nesta ilha maravilhosa é fruto das leis de Minos. A educação que ele estabeleceu para as crianças torna o corpo sadio e robusto. Acostumam-se desde o início a uma vida simples, frugal e laboriosa; supõe-se que qualquer prazer dos sentidos amolece o corpo e o espírito; não se lhes propõe jamais outro prazer, além do prazer de serem invencíveis, através da virtude e da conquista da glória [...]. Aqui se castigam três vícios que entre outros povos são impunes: a ingratidão, a dissimulação e a avareza. Quanto ao fausto e à preguiça, não se tem jamais necessidade de reprimi-los, pois são desconhecidos em Creta [...]. Não se permitem nem mobiliário precioso, nem festins deliciosos, nem palácios dourados.

Para Fénelon, a virtude dos gregos de Creta é fruto da ação do legislador.

É assim que Mentor prepara seu pupilo para moldar e manipular, sem dúvida com a melhor das intenções, o povo de Ítaca. Para convencê-lo, dá o exemplo de Salento.

Eis como chegam nossas primeiras ideias políticas: somos ensinados a tratar as pessoas como um instrutor de agricultura que ensina aos agricultores como cuidar do solo.

UM NOME FAMOSO E UMA IDEIA MALIGNA

Sobre o mesmo assunto, Montesquieu* afirma o seguinte:

> Para manter o espírito do comércio, é necessário que todas as leis o favoreçam; que essas mesmas leis, por suas disposições, dividam as riquezas à medida que sejam feitas no comércio, proporcionando aos cidadãos pobres uma grande facilidade para que trabalhem com os demais e aos cidadãos ricos uma mediocridade tal que

---

* Charles-Louis de Secondat, barão de La Brède e de Montesquieu, advogado e escritor imensamente influente do Iluminismo. Foi um famoso defensor e articulador da ideia da divisão tripartite dos poderes em Executivo, Legislativo e Judiciário, exposta no livro *O espírito das leis* (1748), de onde foram tiradas as citações que se seguem.

tenham necessidade de trabalhar para conservar ou para adquirir.

Assim, as leis dispõem de todas as riquezas:

Embora na democracia a igualdade real seja a alma do Estado, é, entretanto, tão difícil alcançá-la, que não é sempre conveniente ter extrema exatidão a esse respeito. Basta que se estabeleça um censo que reduza ou fixe essas diferenças dentro de certo limite. Depois disso, é tarefa para leis específicas igualar as desigualdades, por meio de encargos impostos aos ricos e concessões de auxílio aos pobres.

Aqui se encontra novamente a ideia de igualar as riquezas pela lei e pela força:

Havia, na Grécia, dois tipos de república. Em um deles, como Esparta, a cidade voltava-se para a guerra; no outro, como Atenas, para o comércio. Na primeira, desejava-se que os cidadãos fossem ociosos; na segunda, buscava-se produzir neles o amor pelo trabalho.

Note-se a extensão do gênio que foi necessário a esses legisladores para ver que, colocando em choque todos os costumes recebidos, confundindo todas as virtudes, eles mostrariam ao universo sua sabedoria. Combinando o roubo com o espírito de justiça, a mais dura escravidão com liberdade extrema, os sentimentos mais atrozes com a maior moderação, Licurgo deu estabilidade à cidade de Esparta. Ele parece ter privado a cidade de todos os recursos, artes, comércio, dinheiro e defesas: em Esparta, tinha-se ambição sem esperança de ser melhor; os sentimentos naturais não tinham respaldo, pois um homem não era nem filho, nem marido, nem pai; chegaram até mesmo a retirar o pudor da castidade. Foi por esse caminho que Esparta foi levada à grandeza e à glória.

Esta intrepidez que existia nas instituições da Grécia repetiu-se na degeneração e na corrupção dos tempos modernos. Um legislador honesto formou um povo no qual a probidade parece tão natural quanto a coragem entre os espartanos. William Penn,[*] por exemplo, é um verdadeiro Licurgo e, embora o objetivo dele fosse a paz enquanto o do grego era a guerra, eles se assemelham na maneira singular como dirigiram seu povo, na ascendência que tiveram sobre os homens livres, nos preconceitos que venceram, nas paixões que dominaram.

O Paraguai pode nos fornecer outro exemplo [de pessoas que são moldadas pelos legisladores para seu próprio bem]. Quis-se cometer um crime contra a sociedade, que vê o prazer de comandar como o único bem da vida; mas será sempre nobre tornar os homens mais felizes ao governá-los.

---

* William Penn (1644-1718), religioso inglês, fundou a província da Pensilvânia, nos Estados Unidos, planejou e desenvolveu a cidade da Filadélfia e conseguiu, por meio de esforços notáveis, manter a paz com os índios que habitavam a região.

Os que desejam implantar instituições similares devem estabelecer a comunidade de bens, como na *República*, de Platão, bem como venerar os deuses, impedir a mistura dos estrangeiros com o povo para preservar os costumes e deixar que o Estado faça o comércio, não os cidadãos; deverá promover as artes sem os luxos e satisfazer suas necessidades, mas não seus desejos.

UMA IDEIA MEDONHA

Quem está sujeito à admiração vulgar exclamará: "Isso é Montesquieu, portanto é magnífico, é sublime!". Terei a coragem de dar minha própria opinião e dizer: vocês têm coragem de achar isso bom? É medonho! É abominável! Esses trechos, que eu poderia multiplicar, mostram que, para Montesquieu, as pessoas, as liberdades, a propriedade e a própria humanidade não passam de material para que os legisladores exercitem a própria sagacidade.

O LÍDER DOS DEMOCRATAS

Examinemos Rousseau, considerado autoridade suprema pelos democratas. Embora baseie a estrutura social na vontade geral,* ninguém mais do que ele aceitou a hipótese da passividade completa do homem diante dos legisladores: "Se é verdade que um grande príncipe é um homem excepcional, o que será um grande legislador? O primeiro só tem de seguir o modelo que o segundo lhe propuser. Este é o engenheiro que inventa a máquina; aquele, somente o operário que a monta e a faz funcionar".

E o que são os homens em tudo isso? A máquina que se monta e que funciona ou a matéria bruta da qual a máquina é feita?

Assim, entre o legislador e o príncipe e entre o príncipe e os súditos existem as mesmas relações que entre o agrônomo e o agricultor e o agricultor e a terra. Imagine

---

* Um dos principais conceitos desenvolvidos por Rousseau é o da "vontade geral", que aparece quando "cada um de nós coloca sua pessoa e todo o seu poder sob a direção suprema da vontade geral e, na nossa capacidade coletiva, recebemos cada membro como uma parte indivisível do todo" (*O contrato social*). Para ele, o problema central da filosofia política é como reconciliar a liberdade individual com a autoridade do Estado, e a resposta para a questão é: usando a vontade geral. O Estado só será legítimo se guiado por ela. Em outros trabalhos, Rousseau esclarece que a vontade geral não é o mesmo que a vontade de todos. Ela é, na prática, a vontade do corpo político que arbitrariamente se supõe intérprete da vontade do povo.

quão acima da humanidade estará o escritor, que reina sobre os próprios legisladores e ensina-lhes seu ofício nestes termos imperativos:

Quereis dar estabilidade ao Estado? Aproximai os extremos tanto quanto possível. Não tolerai nem os ricos nem os mendigos.

Se o solo é ingrato ou estéril, ou o campo muito pequeno para os habitantes, voltai-vos para a indústria e as artes e trocai os produtos delas pelos alimentos de que se necessitais [...]. Em um solo fértil, onde faltam-vos habitantes, dedicai toda a atenção à agricultura, pois assim podereis multiplicar a população; abandonai as artes, porque só servem para despovoar a nação [...].

Se tiverdes uma costa extensa e acessível, então, cobri os mares com navios mercantes; tereis uma existência brilhante, mas curta. Se, porém, o mar banha somente costas cheias de rochedos inacessíveis, deixai o povo ser bárbaro e ictiófago; assim ele viverá mais calmo, talvez melhor e, com toda a certeza, viverá mais feliz.

Em suma, e como acréscimo às máximas que são comuns a todos, cada povo possui suas circunstâncias particulares e tal fato por si só gera uma legislação apropriada às circunstâncias.

É assim que os hebreus no passado e os árabes recentemente tinham como principal objeto a religião; os atenienses, a literatura; os cartagineses e o povo de Tiro, o comércio; o povo de Rodes, a marinha; os espartanos, a guerra; e os romanos, a virtude. O autor de *O espírito das leis* mostrou com que arte o legislador dirige a instituição para cada um desses objetos [...]. Mas se o legislador se enganar e tomar outro objeto diferente daquele que é indicado pela natureza das coisas, sendo que um leva à escravidão e outro à liberdade, um à riqueza e o outro ao aumento da população, um à paz e o outro à conquista, ver-se-á a lei enfraquecer-se imensamente, a constituição se alterar e o Estado ficar sujeito a frequentes agitações, até que seja destruído ou modificado e que a invencível natureza reconquiste seu império.

Mas se a natureza é tão invencível que consegue reconquistar seu império, por que então Rousseau não admite que ela não precisava do legislador para conquistá-lo desde o início? Por que não admite que os homens, obedecendo à própria iniciativa, vão se voltar ao comércio numa costa ampla e acessível, sem a interferência de um Licurgo, de um Sólon ou de um Rousseau, que podem se enganar?

O DESEJO DE IMPOR A CONFORMIDADE

Seja como for, Rousseau dá aos criadores, organizadores, diretores, legisladores e controladores da sociedade

"Isso já foi feito e não funcionou."

uma terrível responsabilidade. Ele é bem exigente com relação a eles:

> Aquele que ousa empreender a tarefa de dar instituições a um povo deve se sentir em condições de mudar, por assim dizer, a natureza humana; de transformar cada indivíduo, que, por si só, é um todo perfeito e solitário, em parte de um grande todo, do qual este indivíduo recebe, integralmente ou em parte, sua vida e seu ser; de alterar a constituição do homem para reforçá-la, para substituir a existência física e independente que todos nós recebemos da natureza por uma existência parcial e moral. É preciso, em suma, que ele retire do homem suas próprias forças e o dote de outras que lhe são estranhas.

Pobre espécie humana, o que fariam da sua dignidade os seguidores de Rousseau?[*]

---

[*] Depois do século xx, o século dos planejadores estatais e do totalitarismo, todos mais ou menos influenciados por Rousseau, podemos responder a essa pergunta sem muitas dúvidas: eles a destruiriam. Tanto o Iluminismo quanto o Romantismo, os dois movimentos opostos em luta no mundo, são filhos do pensamento de Rousseau.

OS LEGISLADORES DESEJAM MOLDAR A HUMANIDADE

Examinemos agora Raynal:*

O clima, isto é, o céu e o solo, é o primeiro instrumento do legislador. Os recursos determinam os deveres. Ele deve, primeiro, considerar sua posição local. Uma população que vive à beira-mar deve ter leis voltadas para a navegação [...]. Se for uma população interiorana, o legislador deve fazer seus planos, acomodando-os à natureza e à fertilidade do solo [...].

É, sobretudo, na distribuição da propriedade que a sabedoria da legislação deve manifestar-se. Como regra geral, quando se funda uma nova colônia, em qualquer parte do mundo, devem ser distribuídas a cada homem terras de extensão suficiente para que ele possa sustentar uma família [...].

Numa ilha selvagem que se povoaria de crianças, bastaria que se deixasse germinar as sementes da verdade junto com o desenvolvimento da razão [...]. Mas quando um povo já antigo se estabelece em um país novo, a habilidade do legislador consiste em não impedir que esse povo conserve a opinião e os costumes nocivos que não podem mais ser curados e corrigidos. Caso se deseje evitar que tais opiniões e costumes

---

* Guillaume Thomas Raynal (1713-96), escritor iluminista.

se tornem permanentes, deve-se garantir que a segunda geração tenha um sistema geral de educação pública. Um príncipe ou legislador não deve jamais fundar colônias sem antes enviar homens sábios para instruir a juventude [...].

Em uma colônia nascente, todas as facilidades são dadas ao legislador que deseje depurar os costumes e os modos de vida do povo. Se ele tiver virtude e gênio, a terra e o povo em suas mãos inspirarão à sua alma um plano para a sociedade que um escritor só pode traçar de maneira vaga e sujeita à instabilidade de todas as hipóteses que variam e se complicam com uma infinidade de circunstâncias bastante difíceis de se prever e harmonizar.

COMO CONTROLAR OS HOMENS

As instruções que Raynal dá aos legisladores sobre o controle do povo podem ser comparadas às instruções de um professor de agricultura aos seus alunos:

O clima é o primeiro instrumento do agricultor. Seus recursos determinam seus procedimentos. Ele deve primeiramente considerar sua posição local. Se seu solo for argiloso, deve proceder assim e assado. Se for

POPULISTAS E SUAS PROPOSTAS DE CURTO PRAZO

"Se eu for eleito, farei ricos e pobres iguais. Todos terão direito a saúde de qualidade, colocarei escada rolante nas favelas, wi fi nos ônibus e daremos tênis de marca para os seus filhos."

arenoso, de outra maneira. Todas as facilidades se apresentam ao agricultor que deseja limpar e melhorar seu solo. Se ele tiver talento suficiente, o adubo em suas mãos vai lhe inspirar um plano de operação que o professor só pode traçar de maneira vaga e sujeita à instabilidade de todas as hipóteses que variam e se complicam com uma infinidade de circunstâncias bastante difíceis de se prever e harmonizar.

Escritores sublimes, lembrem de vez em quando que essa argila, essa areia e esse estrume de que dispõem com tanta arbitrariedade são homens, seus iguais, seres inteligentes e livres como vocês, seres que também receberam de Deus a faculdade de ver, de prever, de pensar e de julgar por eles mesmos!

UMA DITADURA TEMPORÁRIA

Examinemos agora o que pensa Mably[*] a respeito da lei e do legislador. Em passagens anteriores, ele havia

---

[*] Gabriel Bonnot de Mably (1709-85), historiador e escritor muito popular e influente na França no século XVIII, que pregava a abolição da propriedade privada.

suposto que as leis, devido a uma negligência da segurança, estavam gastas. Prossegue dirigindo-se ao leitor assim:

> Nessas circunstâncias, é evidente que as rédeas do governo estão frouxas. Dai-lhes um novo ajuste e o mal estará curado [...] Pensai menos em punir os erros e em encorajar mais as virtudes de que tendes necessidade. Desse modo, dareis à vossa república o vigor da juventude. É porque os povos livres desconheciam tal procedimento que perderam sua liberdade! Mas se o progresso do mal for tal que os juízes comuns não puderem combatê-lo eficazmente, recorrei a um tribunal extraordinário com poderes consideráveis por um curto espaço de tempo. A imaginação dos cidadãos precisa ser sacudida.

E desse modo Mably continua por vinte volumes.

Chegou um momento em que, sob a influência de tais ensinamentos, provenientes da educação clássica, cada um pretendeu colocar-se de fora e acima da humanidade, a fim de arranjá-la, organizá-la e regulá-la à sua maneira.

O DESEJO DA IGUALDADE DE RIQUEZAS

Examinemos o que pensa Condillac* a respeito de legislação e da humanidade:

> Erigi-vos, meu Senhor, em um Licurgo ou em um Sólon. Antes de terminar a leitura deste ensaio, diverti-vos fazendo leis para algum povo selvagem da América ou da África. Confinai esses nômades em habitações fixas; ensinai-lhes a alimentar os rebanhos [...] tentai desenvolver neles as qualidades sociais que a natureza plantou [...]. Forçai-os a começar a praticar os deveres da humanidade [...]. Usai punições para fazer com que os prazeres sensuais se tornem desagradáveis. Vereis então que cada aspecto da vossa legislação levará esses selvagens a perder um vício e ganhar uma virtude.
>
> Todos os povos tiveram leis. Mas poucos foram felizes. Qual é a causa? É que os legisladores quase sempre ignoraram que o objetivo da sociedade é unir as famílias por um interesse comum.
>
> A imparcialidade da lei consiste em duas coisas: estabelecer a igualdade de riquezas e de dignidade dos cidadãos [...]. À medida que as leis estabelecerem maior igualdade, tornar-se-ão cada vez mais preciosas para

---

* Étienne Bonnot de Condillac (1715-80), filósofo, desenvolveu importantes trabalhos sobre epistemologia e a filosofia de John Locke.

cada cidadão [...]. Como seria possível a avareza, a ambição, a volúpia, a preguiça, a ociosidade, a inveja, o ódio e o ciúme agitarem homens iguais em fortuna e em dignidade, sem que pudesse haver para eles a esperança de romper essa igualdade?

O que vos foi dito a respeito da república de Esparta deve dar-vos grandes luzes sobre esta questão. Nenhum outro Estado alcançou jamais leis tão correspondentes à ordem da natureza e da igualdade.

O ERRO DOS TEÓRICOS MODERNOS

Não é de se estranhar que os séculos XVII e XVIII tenham considerado a espécie humana matéria inerte que tudo espera e recebe: forma, rosto, energia, movimento e vida, provenientes de um grande príncipe, de um grande legislador ou de um grande gênio. Esses séculos formaram-se nos estudos da Antiguidade e a Antiguidade nos apresenta, por toda parte, no Egito, na Pérsia, na Grécia, em Roma, o espetáculo de alguns homens manipulando, a bel-prazer, a humanidade subjugada pela força ou pela imposição. O que isso prova? Que, sendo o homem e a sociedade perfectíveis, o erro, a ignorância, o despotismo, a escravidão e a superstição devem ser maiores no começo dos tempos. O erro dos escritores citados não foi constatar esse fato, mas propô-lo, como regra, para imitação e admiração pelas futuras gerações. Seu erro foi ter aceitado como verdadeiro, com uma inconcebível ausência de crítica e com base num convencionalismo pueril, aquilo que é inaceitável, ou seja, a grandeza, a dignidade, a moralidade e o bem-estar das sociedades artificiais do mundo antigo; foi não ter compreendido que a luz aparece e se propaga com o passar do tempo; que, à medida que a luz se faz, a força passa para o lado do direito e a sociedade retoma a posse de si mesma.[*]

O QUE É A LIBERDADE?

De fato, qual é a luta política que testemunhamos? Não é outra senão o esforço instintivo de todos os povos em direção à liberdade. E o que é a liberdade, palavra que tem o poder de fazer bater todos os corações e de agitar o mundo? É o conjunto de todas as liberdades: liberdade de

---

[*] As leis contemporâneas nos países democráticos não apenas incluem tudo aquilo o que Bastiat considerava socialista como vão muito além, na tentativa de tratar a humanidade como matéria inerte, do que ele poderia sonhar. Isso parece indicar que, pelo menos nesse ponto, Bastiat se enganou: a sociedade tendeu, com o passar do tempo, a um controle muito maior por parte dos legisladores.

consciência, de ensino, de associação, de imprensa, de locomoção, de trabalho, de iniciativa; em outras palavras, o franco exercício, por todos, de todas as faculdades inofensivas; em outras ainda, a destruição de todos os despotismos, mesmo o despotismo legal, e a redução da lei à sua única atribuição racional, que é a de regular o direito individual à legítima defesa ou de repressão da injustiça.

Essa tendência da espécie humana, é preciso admitir, é muito contrariada, particularmente no nosso país, pela disposição nefasta — fruto da educação clássica — comum a todos os teóricos de colocar a si próprios fora da humanidade, com o objetivo de arranjá-la, organizá-la e instituí-la a seu bel-prazer.[*]

TIRANIA FILANTRÓPICA

Pois enquanto a sociedade luta por liberdade, os grandes homens que se colocam diante dela estão imbuídos do espírito dos séculos XVII e XVIII, pensando apenas em sujeitar a humanidade ao despotismo filantrópico de suas

---

[*] O ano de 1848, pouco antes da publicação deste livro, ficou conhecido como "A Primavera dos Povos" ou "o ano das revoluções", pois a agitação revolucionária varreu vários países da Europa, como a própria França, a Itália, a Alemanha e a Dinamarca.

próprias invenções sociais e fazê-la se portar docilmente, segundo a expressão de Rousseau, aguentando o jugo da felicidade pública, tal qual imaginada por eles.

Isto ficou muito evidente em 1789.* Bastou o Antigo Regime legal ser destituído para que a sociedade fosse submetida a outros arranjos artificiais, sempre baseados no mesmo ponto: a onipotência da lei.

Vejamos alguns exemplos:

SAINT-JUST: "O legislador comanda o futuro. Cabe a ele desejar o bem. Cabe a ele fazer dos homens o que ele deseja que sejam."

ROBESPIERRE: "A função do governo é dirigir as forças físicas e morais da nação para os fins que a instituíram."

BILLLAUD-VARENNE: "É preciso recriar o povo ao qual se quer devolver a liberdade. É preciso destruir antigos

---

* Início da Revolução Francesa, com a convocação dos Estados Gerais, a formação da Assembleia Nacional, a Queda da Bastilha, a Declaração dos Direitos do Homem e do Cidadão e a abolição do feudalismo. A Assembleia redigiu uma constituição que ficou pronta em 1791. No entanto, nenhuma das duas conseguiu controlar a situação caótica do país, que degenerou em conflitos, guerra civil e milhares de mortos até 1815. Entre outras medidas às quais provavelmente Bastiat se refere como "arranjos artificiais" está a criação de um novo calendário que adotava o dia 22 de setembro de 1792 — a proclamação da República — como o começo do ano um, além de usar novos padrões para dividir os meses e os anos.

Tirania Filantrópica

A Revolução Francesa destronou o rei. (Charge com D. Pedro II)

preconceitos, mudar hábitos arraigados, corrigir afeições depravadas, restringir as necessidades supérfluas, extirpar vícios inveterados; [...] Cidadãos, a inflexível austeridade de Licurgo criou a base inabalável da República espartana; o caráter fraco e crente de Sólon mergulhou Atenas na escravidão. Esse paralelo encerra toda a ciência do governo."

LE-PELLETIER: "Considerando o ponto a que chegou a degradação da espécie humana, estou convencido de que é necessário realizar uma completa regeneração e, se posso me expressar assim, criar um novo povo." *

OS SOCIALISTAS QUEREM A DITADURA

Como se vê, os homens não passam de matéria vil. Não lhes cabe desejar o bem; são incapazes disso. De acordo com Saint-Just, somente o legislador pode fazê-lo. As pessoas são apenas o que deseja que sejam. De acordo com Robespierre, que copia Rousseau literalmente, o legisla-

---

* Todos os citados foram participantes ativos da Revolução Francesa, com destaque para Robespierre, a respeito do qual comentaremos na próxima nota.

dor começa por indicar a finalidade para a qual se institui a nação. A seguir, o governo deve apenas dirigir a ela as forças físicas e morais da nação. Ela mesma fica sempre passiva em tudo isto. E Billaud-Varenne nos ensina que o povo deve ter apenas preconceitos, hábitos, afeições e necessidades que o legislador autorizar. Ele chega até a afirmar que a inflexível austeridade de um homem é a base da República.

Vimos que, no caso de o mal ser tão grande que os juízes comuns não possam remediá-lo, Mably recomenda a ditadura para promover a virtude: "recorrei a um tribunal extraordinário com poderes consideráveis por um curto espaço de tempo. A imaginação dos cidadãos precisa ser sacudida". Essa doutrina não foi esquecida. Escutemos Robespierre:*

> O princípio do governo republicano é a virtude, e o meio pelo qual ele se estabelece, o terror. Em nosso país, desejamos substituir o egoísmo pela moralidade, a honra pela honestidade, os costumes pelos princípios, a etiqueta pelos deveres, a tirania da moda pelo império da razão, o desprezo pelos erros pelo desprezo pela pobreza, a insolência pelo orgulho, a vaidade pela grandeza da alma, o

---

* Maximilien François Marie Isidore de Robespierre (1758-94), advogado e político jacobino, foi um dos principais líderes da Revolução Francesa, sobretudo no período conhecido como Terror (de 5 de setembro de 1793 a 28 de julho de 1794), marcado pela execução em massa dos "inimigos da revolução", o que resultou em cerca de 40 mil mortos.

amor ao dinheiro pelo amor à glória, as boas companhias pelas boas pessoas, a intriga pelo mérito, a astúcia pelo gênio, o brilho pela verdade, o tédio do prazer pelo charme da felicidade, a pequenez dos grandes pela grandeza dos homens, um povo amável, frívolo e miserável por um povo generoso, forte e feliz; em suma, desejamos substituir todos os vícios e absurdos de uma monarquia por todas as virtudes e milagres de uma república.

ARROGÂNCIA DITATORIAL

Quão acima do resto da humanidade se coloca Robespierre? Observe-se a arrogância com que fala. Ele não se limita a exprimir o desejo de uma grande renovação do espírito humano; nem sequer espera o que pode resultar de um governo regulamentar. Não, quer realizar ele mesmo a reforma pelo terror.

O discurso[*] do qual se extraiu esse pueril e laborioso amontoado de antíteses tinha por objetivo expor

---

[*] O discurso, cujo título completo é *Sur les principes de morale politique qui doivent guider la Convention nationale dans l'administration intérieure de la République* [Sobre os princípios da moral política que devem guiar a Convenção nacional na administração interna da república], foi apresentado à Convenção no dia 5 de fevereiro de 1794.

os princípios de moralidade que devem dirigir um governo revolucionário. Observe-se que, quando Robespierre vem pedir a ditadura, não é apenas para repelir a invasão estrangeira e combater os grupos de oposição; é antes para fazer prevalecer pelo terror, antes do estabelecimento de uma constituição, seus próprios princípios morais. Sua pretensão não é nada menos que extirpar do país o egoísmo, a honra, os costumes, a etiqueta, a moda, a vaidade, o amor ao dinheiro, as boas companhias, a intriga, a graça espirituosa, o brilho e a miséria. Somente depois que ele, Robespierre, tiver alcançado esse milagre, como ele mesmo afirma, e com razão, é que permitirá que as leis reinem de novo. Ah! Miseráveis, que se creem tão grandes, que julgam a humanidade tão pequena, que desejam tudo reformar, reformem vocês mesmos, já é o suficiente!

O CAMINHO INDIRETO PARA O DESPOTISMO

Em geral, contudo, os reformadores, legisladores e teóricos não exigem exercer sobre a humanidade um despotismo direto. Não, eles são moderados e filantropos demais para isso. O despotismo, o absolutismo e a onipotência eles exigem da lei. Aspiram somente a fazer a lei.

Para mostrar como essa disposição estranha dos espíritos se tornou universal na França, eu precisaria copiar por inteiro a obra de Mably, Raynal, Rousseau, Fénelon e mais longos trechos de Bossuet e Montesquieu, além de reproduzir todas as atas da Convenção. Poupo-me disso e remeto o leitor a esse material.

NAPOLEÃO DESEJAVA UMA HUMANIDADE PASSIVA

Não é de se espantar que a mesma ideia tenha agradado Napoleão. Ele a abraçou com fervor e a pôs em prática energicamente. Como um químico, via em toda a Europa material para suas experiências. Mas em breve esse material se mostraria um reagente poderoso.

Em Santa Helena,* pareceu reconhecer alguma iniciativa nos povos e mostrou-se menos hostil à liberdade. Isso não o impediu, entretanto, de dar a seguinte lição ao filho em seu testamento: "Governar é difundir a moralidade, a instrução e o bem-estar".

---

* Ilha do Atlântico onde Napoleão ficou sob custódia depois de capturado pelos ingleses, em 1815.

Muitas vezes, os socialistas falam em nome dos direitos humanos mas agem apenas por interesse financeiro.

É necessário recorrer a fastidiosas citações de Morelly, Babeuf, Owen, Saint-Simon e Fourier com as mesmas opiniões? Limitar-me-ei a citar alguns trechos do livro de Louis Blanc* sobre a organização do trabalho: "Em nosso projeto, a sociedade recebe o impulso do poder".

Em que consiste o impulso que o poder dá à sociedade? Em impor o projeto de Louis Blanc. Por outro lado, a sociedade é a espécie humana. Portanto, no fim das contas, ela recebe seu impulso de Louis Blanc.

A humanidade é livre para isso, pode-se dizer. Sem dúvida as pessoas são livres para aceitar ou recusar conselhos de quem quer que seja. Mas não é assim que Louis Blanc entende a questão. Ele espera que seu projeto seja convertido em lei e, portanto, imposto à força pelo poder:

> Em nosso projeto, o Estado apenas dá ao trabalho uma legislação [nada mais?] em virtude da qual o movimento industrial pode e deve desenvolver-se em completa liberdade. O Estado simplesmente coloca a liberdade sobre uma ladeira [somente isso] pela qual, uma vez colocada,

---

* Louis Jean Joseph Charles Blanc (1811-82), historiador e político socialista francês, membro do governo provisório que se seguiu à Revolução de 1848 que derrubou os Orléans e instaurou a Segunda República na França. As ideias dele sobre a criação de cooperativas de trabalhadores foram bastante influentes no país. A obra citada por Bastiat é *Organisation du travail* [Organização do trabalho], publicado em 1839.

ela é levada pela simples força das coisas e por consequência natural do mecanismo estabelecido.

Mas que ladeira é essa? "Aquela indicada por Louis Blanc." Ela não conduz ao abismo? "Não, conduz à felicidade." Então por que a sociedade não se coloca sobre ela sozinha? "Porque não sabe o que quer e por isso tem necessidade de um impulso." E quem dará esse impulso? "O poder." E quem dará impulso ao poder? "O inventor do mecanismo, Louis Blanc."

O CÍRCULO VICIOSO DO SOCIALISMO

Não escaparemos jamais deste círculo: a humanidade passiva e um grande homem que a move por intervenção da lei.

Uma vez nessa ladeira, poderia a sociedade gozar de alguma liberdade? "Sem dúvida!" E o que é a liberdade?

De uma vez por todas, a liberdade não consiste somente em um direito concedido, mas no poder dado ao homem para exercer e desenvolver suas faculdades sob o império da justiça e a salvaguarda da lei.

E não se veja aí uma distinção vã: seu sentido é profundo e suas consequências, imensas. Pois uma vez admitido ser necessário ao homem, para ser verdadeiramente livre, o poder de exercer e de desenvolver suas faculdades, resulta daí que a sociedade deve a cada um de seus membros uma educação adequada, sem a qual o espírito humano não pode se desenvolver, e instrumentos de trabalho, sem os quais a atividade humana não pode acontecer. Ora, por intervenção de quem a sociedade dará a cada um de seus membros a educação conveniente e os instrumentos de trabalho necessários, se não por intermédio do Estado?

Assim, a liberdade é o poder. Em que consiste esse poder? "Em possuir instrução e instrumentos de trabalho." Quem dará a educação e os instrumentos de trabalho? "A sociedade, que tem o dever de fazê-lo." Por intervenção de quem a sociedade dará instrumentos de trabalho a quem não os possui? "Do Estado." E de quem o Estado os tomará?[*]

Cabe ao leitor responder à pergunta e descobrir aonde tudo isso vai chegar.[†]

---

[*] Observe-se aqui, mais uma vez, a distinção e a contradição, já comentadas, entre a liberdade positiva e a liberdade negativa.

[†] Já é possível saber "aonde isso vai chegar". Em quase todos os países democráticos, as legislações vigentes estão mais próximas das ideias que Bastiat critica que daquelas que defende. O resultado, por toda a parte, é endividamento crescente, conflitos sociais e restrição de liberdades, beirando o colapso.

A DOUTRINA DOS DEMOCRATAS

Um dos fenômenos mais estranhos do nosso tempo, e que provavelmente espantará nossos descendentes, é a doutrina que se funda sobre esta tripla hipótese: a inércia radical da humanidade; a onipotência da lei; a infalibilidade do legislador. Essas três ideias constituem o símbolo sagrado do partido daqueles que se proclamam totalmente democratas.

É verdade que eles também se dizem "sociais". Enquanto democratas, têm uma fé sem limites na humanidade. Como sociais, colocam-na abaixo da lama. Examinemos esse contraste mais detalhadamente:

Qual é a atitude do democrata quando os direitos políticos estão em discussão? Como ele vê o povo quando um legislador deve ser escolhido? Ah! Nesse caso, o povo tem para ele uma sabedoria instintiva, é dotado de um tato admirável, sua vontade é sempre certa, a vontade geral não pode errar. Não há universalidade de sufrágio que seja suficiente.

Na hora de votar, não é preciso pedir ao eleitor nenhuma garantia: sua vontade e sua capacidade de escolher bem são sempre presumidas. Poderá o povo errar? Não vivemos no Século das Luzes? Ah! O povo deverá permanecer sob tutela para sempre? Não conquistou seus direitos com muito esforço e sacrifício? Já não deu provas suficientes de inteligência e de sabedoria? Não atingiu a maturidade? Não está em condição de julgar por si próprio? Não conhece seus próprios interesses? Há algum homem ou alguma classe que ouse reivindicar o direito de se colocar acima do povo, de decidir e agir por ele? Não, não, o povo quer ser livre e o será! Quer controlar seus próprios negócios e os controlará!

Mas quando o legislador é finalmente eleito — ah! Aí o discurso muda. O povo retorna à passividade, à inércia e à inconsciência. O legislador toma posse da onipotência. É a hora de ele iniciar, dirigir, impulsionar e organizar. A humanidade deve submeter-se; a hora do despotismo soou. E observemos que isso é fatal: o povo, que durante a eleição era tão sábio, tão moral, tão perfeito, não tem mais nenhuma espécie de inclinação ou, se tem, ela o levará à degradação.[*]

O CONCEITO SOCIALISTA DE LIBERDADE

Mas não se deve dar ao povo um pouco de liberdade?

Segundo Considerant,[†] a liberdade conduz fatalmente ao monopólio.

[*] Sendo a política brasileira dominada por social-democratas e socialistas de vários partidos, é natural que essa descrição que Bastiat faz do comportamento deles seja uma descrição exata do processo político no país.

[†] Victor Prosper Considerant (1808-93), socialista utópico francês.

A história se repete.

Entendemos que liberdade significa concorrência, mas, de acordo com Louis Blanc, a concorrência é para o povo um sistema de extermínio e para a burguesia uma causa de ruína. É por essa razão que os povos estão tanto mais exterminados e arruinados quanto mais livres, como, por exemplo, o povo da Suíça, da Holanda, da Inglaterra e dos Estados Unidos.

Não sabem que, sempre segundo Louis Blanc, concorrência leva ao monopólio e que, pela mesma razão, os preços baixos conduzem aos preços altos; que a concorrência tende a secar as fontes do poder de consumo; que a concorrência força o aumento da produção e, ao mesmo tempo, a diminuição do consumo? Que disso se segue que os povos livres produzem para não consumir; que a liberdade significa opressão e loucura entre os povos; e que é absolutamente necessário que Louis Blanc seja parte delas?[*]

---

[*] Ideias semelhantes às de Louis Blanc permeiam a história brasileira com resultados invariavelmente desastrosos. Uma delas é a de que é preciso combater as importações para que a invasão de produtos estrangeiros não resulte na falência das indústrias nacionais e no desemprego, isto é, em extermínio do povo e ruína da burguesia. A chamada Lei de Informática, por exemplo, promulgada em 29 de outubro de 1984, proibia a importação de computadores para, alegava-se, proteger e promover a indústria nacional, garantindo-lhe uma reserva de mercado. Não apenas a indústria de informática nacional não se desenvolveu, como o Brasil, devido a esta lei, foi um dos últimos países do mundo a conhecer os microcomputadores. Ideias e leis semelhantes ainda abundam. Ao co-

OS SOCIALISTAS TEMEM TODAS AS LIBERDADES

Pois bem, que liberdade deveriam os legisladores conceder aos homens? Seria a liberdade de consciência? Mas então se veria o povo aproveitá-la para se tornar ateu.

A liberdade de ensino? Mas os pais pagariam professores para ensinar a imoralidade e o erro aos seus filhos; além disso, de acordo com Thiers,* se a educação fosse deixada longe das mãos do Estado, ela deixaria de ser nacional e passaríamos a ensinar a nossas crianças as ideias dos turcos ou dos indianos, ao passo que, graças ao despotismo da educação pública, elas têm, no momento, a ditosa oportunidade de ser educadas dentro das nobres ideias dos romanos.

---

mentar um grande aumento nos impostos sobre importados em janeiro de 2012, a revista *Época* afirmou: "Dilma está limitando de forma crescente a abertura implementada pelo ex-presidente Fernando Collor, no início dos anos 1990, e mantida quase intacta por FHC e pelo próprio Lula, durante 16 anos. Em seu lugar, Dilma está ressuscitando a velha (e ineficiente) política de reserva de mercado, dos cartórios empresariais e de proteção indiscriminada à indústria nacional praticada até então". No entanto, o resultado de tanta proteção foi que "a produção da indústria brasileira teve queda de 8,3% no ano passado [2015]. Foi o pior desempenho da atual série histórica da pesquisa do IBGE, iniciada em 2003".

* Marie Joseph Louis Adolphe Thiers (1797-1877), historiador, foi presidente da França.

Liberdade de trabalho? Mas isso significa concorrência, cujo resultado é deixar todos os produtos sem consumo, arruinar a burguesia e exterminar o povo.

Seria a liberdade de comércio? Mas todos sabem, e os defensores do protecionismo já o mostraram à sociedade, que o livre-comércio é a ruína dos que se dedicam a ele e que, para enriquecer, é preciso comercializar sem liberdade.

A liberdade de associação? Mas, de acordo com a doutrina socialista, a verdadeira liberdade e a associação se excluem, já que se aspira, precisamente, a arrebatar aos homens sua liberdade para forçá-los a se associarem.

Bem se vê que os social-democratas não podem, em sã consciência, conceder aos homens nenhuma liberdade, pois acreditam que, por sua própria natureza, a menos que os socialistas intervenham para pôr ordem em tudo, eles se inclinam a toda espécie de degradação e desastre.

Resta descobrir, nesse caso, sobre qual fundamento se reclama para eles, com tanta insistência, o sufrágio universal.*

---

* Note-se que o cenário que Bastiat descreve como o dos sonhos dos socialistas é a realidade brasileira. Temos educação e trabalho regulados pelo Estado e protecionismo comercial. Poderíamos ainda falar na saúde pública, nos programas sociais, nas diversas empresas estatais. Outro paralelo é a impotência do voto: boa parte disso é determinado pela Constituição e, portanto, independe do governo de turno.

A IDEIA DO SUPER-HOMEM

As pretensões dos organizadores da humanidade levantam outra questão, que já lhes dirigi algumas vezes e à qual, até onde sei, jamais responderam: se as tendências naturais da humanidade são tão más que se deve privá-la da liberdade, como se explica que as tendências dos organizadores sejam boas? Os legisladores e seus agentes não fazem parte da espécie humana? Creem-se produto de um barro diferente daquele dos outros homens? Dizem que a sociedade, abandonada à própria sorte, corre fatalmente para o abismo, porque seus instintos são perversos, e pretendem interromper a queda, direcionando-a melhor. Receberam do céu, portanto, inteligência e virtudes que os colocam fora e acima da humanidade; pois que nos mostrem seus títulos.

Querem ser pastores e querem que sejamos rebanho. Esse arranjo pressupõe neles uma superioridade natural da qual temos o direito de exigir provas prévias.

OS SOCIALISTAS REJEITAM A LIVRE ESCOLHA*

Note-se que lhes contesto não o direito de inventar combinações sociais, propagá-las, recomendá-las e experimentá-las em si mesmos, por sua própria conta e risco; mas o direito de nos impor tudo isso por meio da lei, ou seja, da força e dos impostos.

Não peço que os adeptos dessas várias escolas de pensamento: os cabetistas, os fourieristas, os proudhonianos, os universitaristas e os protecionistas renunciem às ideias que lhes são particulares, mas apenas àquela que lhes é comum, de nos submeter pela força aos seus grupos e séries, às suas obras públicas, ao seu banco gratuito, à sua moralidade greco-romana e aos seus entraves comerciais. O que lhes peço é que.nos seja deixada a faculdade de julgar seus planos e de não nos associar a eles, direta ou indiretamente, se julgarmos que ferem nossos interesses ou repugnam à nossa consciência.

Pois a pretensão de apropriar-se do poder e dos impostos, além de opressora e espoliadora, origina ainda esta hipótese perniciosa: a infalibilidade dos organizadores e a incompetência da humanidade. Mas se a humanidade não tem competência para julgar por si mesma, por que então falamos de sufrágio universal?

---

* Este tópico é uma grande defesa da liberdade negativa.

"Desculpe, Marx, mas a sua habilidade de escrita não atende às nossas necessidades."

A CAUSA DAS REVOLUÇÕES NA FRANÇA

Essa contradição nas ideias infelizmente se reproduziu na realidade dos fatos na França, pois, apesar de o povo francês ter-se adiantado a todos os outros na conquista de seus direitos, ou melhor, de suas garantias políticas, nem por isso deixou de permanecer como o mais governado, mais dirigido, mais administrado, mais submetido, mais sujeito a imposições e mais explorado de todos os povos. É na França também que as revoluções acontecem primeiro, e é natural que assim seja.

Este será sempre o caso, enquanto nossos escritores continuarem a abraçar a ideia que Louis Blanc expressou tão energicamente: "a sociedade recebe impulso do poder"; enquanto os homens considerarem a si mesmos como sensíveis, mas passivos, incapazes de se elevar pelo próprio discernimento e pela própria energia a alguma moralidade e a algum bem-estar; enquanto esperarem tudo da lei; em suma, enquanto os homens imaginarem que sua relação com o Estado é a mesma que existe entre o pastor e seu rebanho.

O IMENSO PODER DO GOVERNO

Enquanto tais ideias prevalecerem, é claro que a responsabilidade do governo será imensa. Os bens e os males, as virtudes e os vícios, a igualdade e a desigualdade, a opulência e a miséria, tudo emana do governo. Ele se encarrega de tudo, mantém tudo, faz tudo, portanto, responde por tudo.

Se estamos felizes, reclama nosso reconhecimento com todo o direito; se estamos na miséria, só podemos pôr a culpa nele. Ele não dispõe, desde o início, das nossas pessoas e de nossos bens? A lei não é onipotente?

Ao criar o monopólio da educação, o governo deu-se a obrigação de corresponder às esperanças dos pais de família que foram privados de sua liberdade; se essas esperanças não forem correspondidas, de quem é a culpa?

Ao regulamentar a indústria, o governo deu-se a responsabilidade de fazê-la prosperar, pois do contrário teria sido absurdo privá-la de sua liberdade; se ela sofre prejuízos, de quem é a culpa?

Ao intrometer-se na balança comercial, interferindo nos preços, o governo deu-se a obrigação de fazer florescer o comércio; se, em vez de florescer, o comércio morre, de quem é a culpa?

Ao conceder proteção à indústria naval em troca de liberdade, o governo deu-se a obrigação de torná-la lucrativa; se ela se torna onerosa, de quem é a culpa?

Assim, não há mazelas na nação pela qual o governo não tenha se tornado voluntariamente responsável. Será de se espantar que cada sofrimento seja uma causa para revolução?

E que remédio se propõe? Aumentar indefinidamente o poder da lei, ou seja, a responsabilidade do governo!

Mas se o governo se encarrega de aumentar e de regulamentar os salários e não consegue fazê-lo; de garantir aposentadoria a todos os trabalhadores e não consegue fazê-lo; de fornecer a todos os operários instrumentos de trabalho e não consegue fazê-lo; de oferecer crédito fácil a todos os interessados e não consegue fazê-lo; se, segundo as palavras que lamentamos dizer escaparam da pena de Lamartine: "o Estado chama para si a missão de iluminar, desenvolver, engrandecer, fortificar, espiritualizar e santificar a alma do povo" e fracassa, não se vê que, ao final de cada decepção, é mais do que provável que uma revolução seja inevitável?*

---

* Essa é a situação do Brasil: como o governo arroga-se todos os poderes, leva o mérito por todos os bens e a culpa por todos os males. Nos anos de opulência, era mérito do governo; na crise, é culpa do governo. Isto ficou bem claro na imensa variedade de reivindicações e queixas nos protestos de junho de 2013. Ver também o comentário ao tópico "Um governo justo e estável", página 29.

POLÍTICA E ECONOMIA

Agora, volto a uma questão que foi sucintamente discutida nas páginas iniciais deste estudo: a relação entre política e economia — a economia política.

Uma ciência da economia deve ser desenvolvida antes que se possa formular logicamente uma ciência da política. Essencialmente, a economia é a ciência que determina se os interesses dos homens são harmônicos ou antagônicos. Isso deve ser conhecido antes que uma ciência da política possa ser formulada para determinar as atribuições do governo.

Logo depois do desenvolvimento da ciência econômica, e desde o início da formulação da ciência política, essas importantíssimas questões devem ser respondidas: o que é a lei? O que ela deve ser? Qual é seu âmbito? Quais são seus limites? Onde terminam, por conseguinte, as atribuições do legislador?

Eu não hesitaria em responder: a lei é a força comum organizada para agir como obstáculo à injustiça. Em suma, a lei é a justiça.

FUNÇÕES PRÓPRIAS DA LEI

Não é verdade que o legislador tem poder absoluto sobre nossa pessoa e nossas propriedades. Elas já existiam antes dele e sua função é apenas garantir a segurança delas.

Não é verdade que a função da lei seja reger nossas consciências, nossas ideias, nossas vontades, nossa educação, nossos sentimentos, nosso trabalho, nosso comércio, nossos talentos, nossos prazeres. A função da lei é impedir que em qualquer desses temas o direito de um usurpe o direito do outro.

Como tem por sanção necessária a força, a lei não pode ter outro âmbito legítimo senão o âmbito legítimo da força, a saber, a justiça.

E como os indivíduos só têm direito de recorrer à força no caso de legítima defesa, a força coletiva, que não é outra coisa senão a reunião das forças individuais, não poderia ser aplicada racionalmente para outra finalidade.

A lei é, pois, unicamente a organização do direito individual pré-existente de legítima defesa. A lei é a justiça.

Muitas vezes, socialistas trabalham para criar uma necessidade de revolução que só interessa a eles.

LEI E CARIDADE NÃO SÃO A MESMA COISA

A missão da lei não é oprimir pessoas nem espoliar suas propriedades, ainda que para fins filantrópicos, mas protegê-las.

E que não se diga que ela pode ser filantrópica se, pelo menos, abster-se de toda opressão e espoliação; isso é contraditório. A lei não pode deixar de agir sobre as pessoas e os bens; se não os protege, ela os viola apenas por sua ação, apenas por aquilo que é.*

A lei é a justiça. Isso é simples, claro, perfeitamente definido e delimitado, acessível a todas as inteligências, visível a todos os olhos, pois a justiça é uma quantidade mensurável, imutável e inalterável, que não admite nem mais nem menos.

Quando se extrapolam esses limites, quando se tenta fazer a lei religiosa, fraternal, igualitária, filantrópica, industrial, literária, artística, logo se atinge o infinito, o incerto, o desconhecido, a utopia imposta ou, o que é pior, uma infinidade de utopias em luta para apossar-se

---

* O que Bastiat quer dizer é que não existe filantropia legal sem algum tipo de opressão ou espoliação: dar a alguns significa, necessariamente, tirar de outros. Mais uma vez estamos diante do conceito de liberdade negativa que permeia esta obra: se a lei age sobre o cidadão com qualquer propósito que não seja garantir sua liberdade negativa, isto é, protegê-lo de coerção, então ela é opressiva.

da lei e se impor. Pois a fraternidade e a filantropia, ao contrário da justiça, não têm limites fixos. Onde pararão? Onde parará a lei?[*]

O CAMINHO PARA O COMUNISMO

Saint-Cricq[†] faria sua filantropia apenas para algumas classes de industriais e pediria à lei para controlar os consumidores em favor dos produtores.

Considerant esposaria a causa dos trabalhadores e usaria a lei para assegurar-lhes o mínimo, seja no tocante a roupas, moradia e alimento, seja no tocante a toda e qualquer outra coisa necessária à manutenção da vida.

Louis Blanc diria, com razão, que isso não passa de um esboço de fraternidade e que a lei deve dar a todos os instrumentos necessários ao trabalho e também educação.

---

[*] "Uma infinidade de utopias em luta para apossar-se da lei e se impor" é o resumo da história do século xx, permeado pela luta entre o fascismo e o comunismo, duas utopias rivais. No entanto, como a fraternidade e a filantropia "não têm limites fixos", as democracias rumam para o mesmo caminho: cada vez mais grupos exigem apoderar-se da lei em busca de conferir a si mesmos mais direitos.

[†] Pierre Laurent Barthélemy, conde de Saint-Cricq (1772-1854), político francês.

Outro observaria que essas providências ainda deixariam lugar para a desigualdade e que a lei deve fazer chegar às aldeias mais remotas o luxo, a literatura e as artes.

Assim, somos conduzidos até o comunismo e a lei será, ou melhor, já é, o campo de batalha de todos os devaneios e de todas as ganâncias.

A BASE PARA UM GOVERNO ESTÁVEL

A lei é a justiça. Nos limites dela, pode-se conceber um governo simples e estável. Desafio qualquer um a apontar de onde poderia sair a ideia de uma revolução, de uma insurreição ou de um simples motim contra uma força pública limitada a reprimir a injustiça.

Sob tal regime, haveria mais prosperidade e ela seria mais igualmente repartida. Quanto aos sofrimentos inseparáveis da humanidade, a ninguém ocorreria culpar o governo por eles, pois seria tão inocente quanto é com relação às variações de temperatura.

Já se viu algum povo revoltar-se contra um tribunal comum para exigir salário mínimo, crédito fácil, instrumentos de trabalho, controle de preços ou obras públicas? Todo o mundo sabe muito bem que tais coisas não são da alçada de um tribunal comum e aprenderá que estão fora do poder da lei.

"O convite era 'entre para a ordem', mas agora eu realmente preciso de ordem no recinto!"

Mas façam-se leis baseadas no princípio da fraternidade, proclamando que dela emanam os bens e os males, que é responsável por todos os sofrimentos individuais, por todas as desigualdades sociais, e se verá abrir a porta para uma interminável série de queixas, ódios, transtornos e revoluções.

JUSTIÇA SIGNIFICA IGUALDADE DE DIREITOS

A lei é a justiça. Seria estranho se ela pudesse ser imparcialmente outra coisa! A justiça não é o direito? Os direitos não são iguais? Como a lei interviria para me submeter aos planos sociais de Mimerel, Melun, Thiers, Louis Blanc, em vez de submetê-los aos meus planos? Será que não recebi também da natureza imaginação suficiente para inventar uma utopia? Será que é papel da lei escolher uma fantasia entre tantas e colocar a força pública a serviço de uma delas?

A lei é a justiça. E que não se diga, como se faz sem cessar, que assim concebida a lei seria ateia, individualista, sem coração e acabaria transformando a humanidade à sua imagem. Trata-se de uma dedução absurda, muito digna do tipo de entusiasmo pelo governo que vê humanidade na lei.

Ora! Por ser livres, deixaremos de agir? Por não receber o impulso da lei, ficaremos desprovidos de qualquer impulso? Por limitar-se a lei a garantir o livre exercício de nossas faculdades, elas ficarão inertes? Por não nos impor religiões, sistemas de associação, métodos de ensino, procedimentos de trabalho, regras de comércio nem planos de caridade, mergulharemos no ateísmo, no isolamento, na ignorância, na miséria e no egoísmo? Não saberemos mais reconhecer o poder e a bondade de Deus, associar-nos e ajudar-nos uns aos outros, amar e socorrer aos nossos irmãos em desgraça, estudar os segredos da natureza, aspirar ao aperfeiçoamento do nosso ser?

O CAMINHO PARA A DIGNIDADE E O PROGRESSO

A lei é a justiça. E é sob a lei da justiça, sob o reinado do direito, sob a influência da liberdade, da segurança, da estabilidade e da responsabilidade que cada pessoa atingirá todo o seu valor e toda a dignidade do seu ser e que a humanidade alcançará, com calma, lentamente, sem dúvida, mas de modo certo, o progresso que é o seu destino.

Parece-me que tenho a meu favor a teoria, pois qualquer que seja o assunto em discussão, quer seja religioso, filosófico, político ou econômico, quer se trate de prosperidade, moralidade, igualdade, direito, justiça, progresso, responsabilidade, solidariedade, trabalho, propriedade, comércio, capital, salários, impostos, população, crédito ou governo; em qualquer parte do horizonte científico em que eu coloque o ponto de partida de minhas investigações, chego, invariavelmente, ao seguinte: a solução do problema social está na liberdade.*

PROVA DE UMA IDEIA

E eu não tenho a experiência a meu favor? Olhai para o mundo. Que países possuem os povos mais pacíficos,

---

* Se, quando este livro foi escrito, Bastiat tinha a teoria a seu favor, hoje ele tem também dados empíricos: a *Heritage Foundation* e o *The Wall Street Journal* publicam todos os anos o *Index of Economic Freedom* que mede o grau de liberdade dos países a partir de critérios objetivos. A comparação entre a posição nesse índice e no Índice de Desenvolvimento Humano (IDH) não dá margem a dúvidas: a liberdade econômica é o caminho para o progresso e a justiça social. Todas as nações consideradas livres pelo índice são ricas, ao passo que todas as consideradas repressoras são pobres. Outro dado relevante é que quanto maior é a liberdade econômica menor é a corrupção. O Brasil vem caindo de posição no índice a cada ano: em 2010, ocupava a 113ª; em 2016, a 122ª. Ver: <www.heritage.org/index/about> e <www.institutomille-nium.org.br/wp-content/uploads/2012/12/TABELA.jpg>.

mais felizes e mais morais? Aqueles onde a lei intervém menos na atividade privada; onde o governo se faz sentir menos; onde a individualidade tem a maior iniciativa e a opinião pública a maior influência; onde as engrenagens administrativas são menos numerosas e menos complicadas; os impostos menos pesados e menos desiguais; os descontentamentos populares menos excitados e menos justificáveis; onde a responsabilidade dos indivíduos e das classes é mais efetiva e onde, por conseguinte, se os costumes não são perfeitos, tendem inexoravelmente a se corrigir; onde as transações comerciais, os convênios e as associações sofrem o mínimo de restrições; onde o trabalho, os capitais e a população sofrem os menores deslocamentos artificiais; onde os homens obedecem mais às suas próprias inclinações; onde o pensamento de Deus prevalece sobre as invenções humanas; aqueles, em suma, que mais se aproximam desta solução: dentro dos limites do direito, tudo deve ser feito pela espontaneidade livre e perfectível do homem, nada deve ser feito por intermédio da lei ou da força, a não ser a justiça universal.

O DESEJO DE GOVERNAR OS OUTROS

É preciso dizer: há grandes homens demais no mundo. Há legisladores demais, organizadores demais, fundadores de sociedades demais, condutores de povos demais, pais de nações demais etc. Gente demais se coloca acima da humanidade para regê-la, gente demais se ocupa dela.

E me dirão: "Veja quem fala, você também faz isso!"

É verdade. Mas há de se convir que o faço num sentido e de um ponto de vista muito diferente, e que se me intrometo com os reformadores é unicamente com o propósito de que deixem as pessoas em paz. Eu não me ocupo da humanidade como Vaucanson* se ocupa do seu autômato, mas como um fisiologista se ocupa do organismo humano: para estudá-lo e admirá-lo.

Ocupo-me dela com o espírito que animava um viajante célebre. Ele chegou a uma tribo selvagem onde acabara de nascer um menino. Uma turba de adivinhos, bruxos e curandeiros, armados de anéis, ganchos e ataduras rodeavam a criança. Um deles dizia: "Se eu não alargar suas narinas, este menino não sentirá jamais o perfume de um cachimbo". E o outro: "Se eu não puxar suas orelhas até os ombros, ele ficará privado do sentido da audição". E um terceiro: "Se eu não abrir seus olhos, ele não verá a luz do sol". Um quarto acrescentou: "Se eu não curvar suas pernas, ele não ficará de pé". Um quinto disse ainda: "Se eu não comprimir seu cérebro, ele não pensará".

No final, disse o viajante: "Deus faz bem o que faz; não pretendam saber mais do que ele. Se deu órgãos a

---

* Jacques de Vaucanson (1709-82), inventor francês que criou autômatos e máquinas inovadoras.

esta frágil criatura, deixem que eles se desenvolvam, fortifiquem-se pelo exercício, pela busca, pela experiência e pela liberdade".

AGORA, EXPERIMENTEMOS A LIBERDADE

Deus também deu ao homem tudo o que ele precisa para cumprir seu destino. Há uma fisiologia social providencial, como há uma fisiologia humana providencial. Os órgãos sociais também são constituídos de modo a se desenvolver harmonicamente ao ar livre. Fora com os curandeiros e organizadores! Fora com seus anéis, suas correntes, seus ganchos e suas tenazes! Fora com seus métodos artificiais! Fora com suas obras públicas, seus falanstérios, seu governamentalismo, sua centralização, seus impostos, suas escolas públicas, suas religiões oficiais, seus bancos gratuitos ou monopolizados, suas regras, suas restrições, sua moralização e sua equalização pelos impostos!

E posto que se infligiram inutilmente ao corpo social tantos sistemas, que se termine por onde se deveria ter começado: que se rejeitem os sistemas; que se coloque, por fim, a liberdade à prova — a liberdade, que é um ato de fé em Deus e em sua obra.

*República!
É hora de fazer uma ampla reforma!*

PARA SABER MAIS SOBRE O LIBERALISMO

BERLIN, Isaiah. *Quatro ensaios sobre a liberdade.*

FRIEDMAN, Milton; FRIEDMAN, Rose. *Livre para escolher.* Tradução: Ligia Filgueiras. Rio de Janeiro: Record, 2015.

GARSCHAGEN, Bruno. *Pare de acreditar no governo.* Rio de Janeiro: Record, 2015.

HAYEK, Friedrich. *O caminho da servidão.* Campinas: Vide, 2013.

LOCKE, John. *Dois tratados sobre o governo.* 3. ed. São Paulo: M. Fontes, 2005.

MERQUIOR, José Guilherme. O *Liberalismo: antigo e moderno.* São Paulo: É Realizações, 2014.

_____. *O argumento liberal.* Rio de Janeiro: Nova Fronteira, 1983.

VON MISES, Ludwig. *Ação humana.* Tradução: Donald Stewart Jr. 3. ed. São Paulo: Instituto Ludwig von Mises Brasil, 2010.

VON MISES, Ludwig. As *seis lições*. Tradução: Maria Luiza Borges. 7. ed. São Paulo: Instituto Ludwig von Mises Brasil, 2009.

SMITH, Adam. *A riqueza das nações, Volume 2*. 2. ed. São Paulo: WMF Martins Fontes, 2010.

CRÉDITOS DAS IMAGENS

Páginas 8-9 – Eugène Delacroix
Página 27 e 131 – Harley Schwadron / Jantoo Cartoons
Páginas 31, 59, 87, 91, 117 – Baloo / Jantoo Cartoons
Página 41 – James Gillray / Jantoo Cartoons
Página 51 – autor desconhecido
Página 65 – Jantoo Cartoons
Página 73 – Tony Zuvela / Jantoo Cartoons
Página 79 – Honoré Daumier / Jantoo Cartoons
Página 99 – autor desconhecido
Página 105 – Karsten Schley / Jantoo Cartoons
Página 111 – Piero Tonin / Jantoo Cartoons
Página 123 – George du Maurier / Jantoo Cartoons
Página 127 – Larry Lambert / Jantoo Cartoons
Página 135 – Sir John Tenniel / Jantoo Cartoons

JACOB PETRY

PODER
& MANIPULAÇÃO

COMO ENTENDER O MUNDO EM 20 LIÇÕES
EXTRAÍDAS DE *O PRÍNCIPE*, DE MAQUIAVEL

PODER
& MANIPULAÇÃO

Por séculos, pessoas de prestígio e sucesso profissional debruçaram-se sobre um dos livros mais influentes de todos os tempos, *O Príncipe*, de Maquiavel, em busca de estratégias para alcançar sucesso e poder.

Napoleão Bonaparte, Winston Churchill, Franklin Roosevelt, Tony Blair, entre centenas de outras personagens do nosso mundo, assumiram publicamente o valor da obra e sua prática, ao afirmar seu valor como um manual para se posicionar adequadamente no jogo do poder.

Nesta edição, fruto de um trabalho único na história, os ensinamentos de Maquiavel tornam-se mais adaptados ao mundo moderno.

Poder & Manipulação não é simplesmente uma nova tradução, mas uma edição crítica da obra original, tal como ela estivesse sendo publicada agora, pela primeira vez, com os temas relevantes ao mundo de hoje. E vai além: inclui uma análise objetiva das vinte estratégias mais importantes do clássico.

Ao compreender essas lições, o leitor estará mais bem preparado para se defender de pessoas manipuladoras e de posse de ferramentas para agir com mais segurança, ousadia e astúcia diante da vida.

UM LIVRO QUE EXPLICA COMO AS PESSOAS AGEM PARA ALCANÇAR E MANTER PODER, PRESTÍGIO E RIQUEZA.

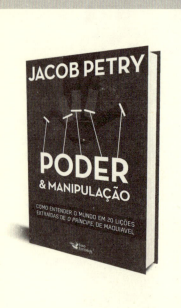

Nesta obra, você encontrará um poderoso conjunto de lições e estratégias estudado há séculos em universidades no mundo inteiro. O *Príncipe* é um dos pilares centrais em torno do qual se criou a cultura ocidental contemporânea. Conhecer essas estratégias lhe dará uma compreensão clara das regras que definem o jogo do poder nos bastidores, e revelará um lado da história da conquista do sucesso que poucas pessoas estão dispostas a admitir, muito menos, revelar. Entre as lições estão:

- Que atitudes nos fazem ser amados ou desprezados
- Quais são as dificuldades ao implantar mudanças
- Como lidar com adversários
- Como não ficar na dependência de outras pessoas
- Como obter prestígio e ser benquisto
- Depois de alcançar, como se manter no topo
- A arte de se reinventar constantemente
- Aprenda a eliminar o medo e a insegurança da sua vida

Sobre o autor:

JACOB PETRY é jornalista, filósofo e pesquisador brasileiro radicado nos Estados Unidos. Profundo apaixonado pela natureza do comportamento humano, estuda psicologia da cognição, aplicando-a a resultados práticos da vida há mais de vinte anos. É autor de inúmeros livros de destaque. Dentre eles, *O Óbvio que Ignoramos*, *A Lei do Sucesso*, *Singular* e *Grandes Erros*, estes dois últimos escritos em co-autoria.

**ASSINE NOSSA NEWSLETTER E RECEBA
INFORMAÇÕES DE TODOS OS LANÇAMENTOS**

www.faroeditorial.com.br

ESTA OBRA FOI IMPRESSA
EM JULHO DE 2022